KB263053

예배와 삶의 일치

복음에는 하나님의 의가 나타나서 믿음으로 믿음에

이르게 하나니 기록된 바 오직 의인은 믿음으로

말미암아 살리라 함과 같으니라

로마서 1 : 17

어린이 사역을 통한 교회성장 지침서 - Ⅲ

교회학교 관리를 위한 안내서

교회학교 관리의 줄기를 잡아라

권 율 복 지음

비전북출판사

교회학교 관리의 줄기를 잡아라

재판 1쇄 인쇄 : 2001년 8월 30일
재판 1쇄 발행 : 2001년 9월 20일

저 자 : 권 율 복
발행인 : 이 원 우 / 발행처 : 비전북출판사
주 소 : (121-839)서울시 마포구 서교동 388-1 대강 B/D 201호
전 화 : (02)3141-9090(대) / 팩 스 : (02)3144-6620
E-mail : Vsbook@hitel.net
등록번호 : 제10-1452호

공급인 : 박 종 태 / 공급처 : 비전북
전 화 : (031)907-3927 / 팩 스 : (080)403-1004

Copyright ⓒ 2001 비전북출판사
값 6,000원
ISBN 89-87613-69-0 03230 Printed in Korea

이 책을
나를 목사로 세우시고
특별한 은사를 주시어
전도와 훈련의 사역자로 사용하시며
내 인생의 목자장 되신 주님,
그리고 특수 목회자의 내조자와
가족으로서의 어려움을 신앙 안에서
함께 나누는 사랑하는 아내 신경애와
아들 신영이, 그리고 딸 신아,
또한 지금도 복음 사역의 동역자로
헌신하고 계시는 전세계 모든 선교사들과
한국어린이전도협회의 모든 가족들에게 드립니다.

우리의 옛말에 "주먹구구식"이라는 말이 있다. 이는 곧 규모도 규범도 없는 즉흥적인 태도와 자세를 두고 하는 말이다. 성경은 이를 배격한다. 세상 일도 그렇거니와 하나님의 일은 더더욱 분명하고 철저해야 된다고 본다.

운동장에 사람을 정열시키려면 기준을 잡아주어야 하고, 집을 안정되게 하려면 기둥이 있어야 되듯이, 공동체의 아름다운 모습과 운영의 유지는 곧 관리의 줄기가 확실해야만 한다.

관리는 구성체 만큼이나 중요하며 목표달성의 과정으로써 필수적이다. 그렇다면 우리의 주일학교 관리는 어느 수준인가?

그러나 많은 주일학교는 아직도 주먹구구식 관리 그대로이다. 즉 교육의 성경적인 이해도 없고, 교육의 기획(준비, 집행, 마무리)에 대한 신앙적이면서도 확실한 기준이나 기둥도 없고 관리의 줄기가 빈약하다.

뿐만 아니라 교사는 물론 교육 지도자들 조차도 많은 부분에서 행정의 이해 그리고 관리의 지침과 관리자로서의 자질에 문제가 있다고 본다. 그 이유는 첫째, 주일학교나 그 교육을 일반적인 개념으로만 이해하고 있는 지배적인 현상 때문이요, 둘째, 관리의 기준이나 그 관리가 신앙적 원칙에 의한 규범이 아닌 그때마다의 담당자인 사람에 의해 시행되기 때문이며, 셋째, 담당자는 바뀌어도 사역은 계속되어야 한다는 역사의식이 결여된 현상들 때문이다.

글머리에

　이러한 현실을 늘 안타까워 하던 중, 20여년 간의 어린이 전도와 교육 및 지도자 훈련의 실제적인 면의 경험을 바탕으로 주일학교 관리의 줄기를 잡게 하는 작업을 시도하게 된 것이다.

　물론, 책으로 출판하기에는 아직도 정리되지 못하고 다듬어지지 않은 부분이 많음을 필자의 모자람과 함께 인정할 수밖에 없으나 주일학교 관리 실무자들의 간절한 요청에 의해 우선 지도자를 중심으로한 교육과 행정 및 관리의 내용을 간추려 제1집을 내는 바이다. 이어서 제2집도 준비 중이다.

　아무쪼록 이 책을 통하여 교육과 행정 관리의 줄기를 잡는데 도움이 되기를 간절히 바라는 마음이다.

　본서가 출판되기까지 협력해 주신 비전북출판사의 이원우 사장님과 한국어린이전도협회의 모든 사역자들 그리고 사랑의 빚을 진 모든 분들께 감사드린다.

　　　　　　　　남방 산호섬 마이크로네시아에서　**권 율 복**

제 1 장
●●●●●●●
교육의 성경적 이해

Ⅰ. 교육의 현장(기독교 교육의 참요소)

먼저, 교회 어린이 교육의 현장을 점검해 보자.
그 점검의 시각은 어디까지나 성경의 관점이어야 한다.

1.성경이 말하는 기독교 교육(딤후 3 : 16-17)

교육이 이루어지게 되는 요소는 물론 다양하고 많이 있으나
적어도 다음 세가지가 기본이 된다. 즉 교사, 어린이, 교재
(내용)이다. 이를 기본 3요소라 한다.

이 세가지 만으로는 일반교육, 사회교육, 종교교육까지는
달성할 수 있다. 그러나 성경이 말하는 기독교교육은 불가
능하다. 왜냐하면 이들 교육이 지향하는 목표는 세가지이기
때문이다. 즉 지식 습득, 정서순화, 인격함양이다. 이를 전인
교육이라 부른다.

그러나 성경이 말하는 전인교육은 이와는 다르다. 즉 육의 문제 뿐 아니라 영혼의 문제(죄, 용서, 구원, 영생)를 우선하며 보다 중요시하는 것이 기독교교육이다. 또 성경적인 전인교육이라 할 수 있다. 이러한 것들이 다루어지지 않는다면 그 무슨 교회교육이며 참 교육이겠는가? 광범위하게 말하면 기독교교육도 종교교육의 범주에서 말하기는 하나 분명히 타 종교와는 다르다. 기독교는 종교 이상이다. 다른 종교에서는 죄 문제, 구원 문제, 영생 문제등의 문제를 다루지 않을 뿐더러 해결도 못한다. 그래서 일반교육, 사회교육, 종교교육의 수준에서는 성경적인 기독교교육(전인교육)을 기대할 수 없다.

2. 성령의 역사(요 14 : 26)

기독교교육이 되려면 그 교육의 현장에 교육의 3 요소(교사, 학생, 내용)와 더불어 그것을 효과있게 하시는 성령의 역사하심이 그 주체가 되어야 한다. 기독교교육의 참요소는 성령님이시며 그 주체 역시 성령님이시다!

교육의 현장을 올바르게 이해하기 위한 방법의 실제는 다음과 같다.

(1) 성령의 역사하심을 기대해야 한다(시작, 진행, 완성에 있어서 주께서 교육하신다는 의식이 필요하다는 것이다. He healing I dressing의 원리이며 주님이 주인이 되셔야 한다는 것이다).

(2) 성령의 역사하심을 확신해야 한다(성령님은 말씀으로 역사하시는 것을 믿어야 한다. 나의 것을 가르치거나 주는 것이 아니라 말씀을 가르치고 알려주고 전하기 때문에 그 말씀을 통한 그 분의 역사를 확신해야 한다는 것이다).

(3) 성령의 역사하실 기회를 제공하라(엡 6 : 17—19).

3. 성경을 보면 성령역사의 기본 전제가 있다(행 2 : 46 − 47)
그 기본 전제는 다음과 같다.
　　(1) 주의 이름으로 모이라.
　　(2) 성경말씀이 중심이 되게 하라(성경본문에 충실하게
　　　　 하라).
　　(3) 기도하라. ① 교사 자신을 위하여！ − 나를 붙들어
　　　　 사용하소서. 나는 주님의 도구 입니다！
　　　　 ② 어린이를 위하여！ − 그를 준비시키시고 마음을
　　　　 여소서！)
　　　　 ③ 내용을 위하여！ − 준비된 하나님 말씀이 그에게
　　　　 영의 양식이 되도록 해 주소서！

　우리 다같이 성경적 관점에서 교육의 현장을 점검해 보아야
할 것이다.

II. 기독교 교육에 있어서의 교사 역할

기독교 교육이란 "기독교 ＋ 교육"이다.
그러면 기독교는 무엇인가？
기독교가 성립되는 구성요소는 세가지이다.
즉 신학, 신앙, 생활이다.

1. 기독교교육 현장의 제 1 요소가 되는 교사는 어떤 역할을
하는가？
　　(1) 가르치는 역할이다(어린이는 배우고 교사는 가르친
　　　　 다).
　　　　 가르치고 배우는 내용은 곧 신학(성경의 지식)이다.

　　(2) 지도하는 역할이다(어린이는 경험하고 교사는 지도
　　　　한다).
　　　　지도하고 경험하는 내용은 곧 신앙(성경의 지식이
　　　　나의 것이 되게 하는 것)이다.
　　(3) 모본을 보이는 역할이다(어린이는 훈련받고, 교사는
　　　　본을 보인다).
　　　　본을 보이고 훈련받는 내용은 곧 생활(하나님의 사
　　　　람으로서 마땅한 삶의 모습들)이다.

　2.진정한 기독교교육을 하는 교사가 되려면 그 교육의 기본
영역이 되는 다음 사항들을 명심해야 한다.

　　(1) 가르치기 전에 먼저 배워야 한다(배운만큼 가르칠
　　　　수 있기 때문이다).
　　(2) 지도하기 전에 먼저 체험해야 한다(I know him과
　　　　I know about him 은 다르다).
　　　　구원의 길, 방법, 성경의 하나님 말씀, 공의의 여호와,
　　　　사랑의 아버지, 나는 죄인, 주안에서의 의인이라는
　　　　체험이어야 한다.
　　(3) 훈련하기 전에 먼저 모본을 보여야 한다.
　　　　이것이 교육의 방법이기도 하다.
　　　　즉 어린이는 두 번 본다(떠들기 전, 떠든 후)
　　　　말을 안해서 그렇지 다 보고 있다는 것을 명심해야
　　　　한다.
　　　　뒤에 있는 양은 앞의 목자를 보고 따라가는 것이며
　　　　제자는 스승으로 부터 배우되 입의 말로 배우고 사
　　　　랑의 안내로 체감하고 보여주는 대로 흉내냄으로
　　　　익숙하게 된다.

3. 교사 역할을 행동화 하는 실제적인 방법은?

   (1) 성경을 공부하는 모습을 보여주라(교사는 일단 성경을 가르치는 자이니까!).

   (2) 체험을 통해 확신을 가지라(교사는 확실한 것에 의해 지도해야 하니까!).

   (3) 모든 것에 본이 되라(교사는 어린이를 하나님의 사람으로 훈련시킬 책임이 있으니까! — 출석, 자세, 말, 헌금등).

Ⅲ. 기독교 교육의 목표

기독교교육의 목표에 대해 생각해 보자. 우리가 실시하는 교회 어린이 교육의 목표는 세상 교육의 목표와는 근본적으로 다른 면이 있다. 교육을 통해서 가문과 가정을 빛내고 국가와 민족을 위한 봉사자를 키워내는 그야 말로 인재 양성이 교육의 목표라면 기독교 교육의 목표는 무엇인가?

1. 교회 어린이 교육의 목표는

   (1) 하나님의 자녀로 태어나게 하는 것이다(하나님 자녀됨, 구원받음, 중생함). 엡 2 : 1 절의 말씀처럼 죄로 그 영혼이 죽은 범주에는 어린이도 포함되어 있기 때문에 어느 부분의 개조 정도가 아닌 근본적으로 하나님의 자녀로 태어나게 해야 한다. 이 말은 곧 영원한 생명, 새생명을 가지게 한다는 말이다. 하나님의 자녀는 믿음으로(요 1 : 12) 된다. 믿음은 하나님이 주신 선물(하나님이 믿게 해주셔야 된다)이

며 마음으로 인정하고 입으로 시인하는것이다. 즉 하나님과 그 사랑에 대해, 나는 죄인이라는 것을, 예수님은 죄없이 대신 죽으시고 살아나셨다는 사실에 대해서이다.

믿기만 하면 하나님의 자녀로 태어난다.

(2) 성장시키는 것이다(하나님의 자녀의 모습을 갖추어 가는 외형적인 변화).

마치 씨앗을 심으면 그 열매를 맺을 나무가 모습을 드러내듯이 참 생명의 씨앗이 그 마음에 심어지게 되면 외적인 삶 가운데 믿음을 가진 자다운 신앙 생활이라는 열매가 나타나게 된다. 그러나 성장 그 자체가 그 나무에 맞는 열매를 맺게 하는 것은 아니기 때문에 성장에만 머물게 해서는 안된다.

(3) 성숙되게 해야 한다. (성숙이란 하나님 자녀다운 모습만이 아니라 그의 삶을 통해서 하나님께서 영광을 받으시고 그로 말미암아 또 다른 그리스도인을 만들어 내는 제자의 삶을 말한다).

성숙은 지속적인 훈련과 인내로 오랜 세월 동안 이루어지는 것이다. 성숙된 그리스도인을 통해서 그리스도의 나라가 확장이 되고 또한 말씀을 통한 하나님의 구속사가 진행되는 것이다.

2. 이러한 목표를 달성하기 위한 실제적인 방법은—

(1) 나의 자녀, 내가 맡은 어린이들에게 믿음을 주시도록 하나님의 은혜를 구해야 한다. 아울러 복음의 말씀을 잘 들려 주어야 한다(롬 10 : 17).

(2) 믿음의 성장에 필요한 제 영양소를 공급해 주어야 한다. 말씀의 신령한 젖을 먹이는 것이다(성경을

계속 읽고, 듣고, 공부하며 기도하고 전도하는것).
(3) 성숙을 위해서 말씀을 적용시키며 인내로 기다리라.
되어가는 중일 때는(ing) 기다리라 !

3. 가르치라는 명령을 따라야 한다(잠 22 : 6).
(1) 가르침의 의미는 준비시키는 것과 이해시키는 것이
다(롬 10 : 17).
(2) 길을 가르쳐야 한다. 하나님의 길(요 14 : 6, 행 4 : 12,
히 10 : 19-20)과 하나님을 위해 사는 길을(히 11 :
24-26) 가르쳐야 한다.
(3) 모델과 기준과 목표를 게시해야 한다. 모델은 예수
그리스도이시고(눅 2 : 52), 기준은 하나님의 말씀
이며(시 119 : 105, 히 4 : 12, 요 8 : 37), 목표는 하
나님의 영광이다(갈 1 : 24, 행 23 : 1).

제 2 장

주일학교의 핵심적 이해

　　주일학교는 교육기관에 부속되어 있는 기구도 아니며 여유가 있을 때에 할만한 일이나, 또는 여분의 정력을 소비하기 위하여 있는 기관도 아니다. 주일학교는 어린이들을 위하여 완전한 교훈을 베풀 수 있는 절대적으로 필요한 기구이다. 또한 주일학교로 말미암아 모든 기관들이 서로 연관을 맺게 되는 것이다. 주일학교는, 주간 중에 한번 혹은 몇번씩 교회를 장소로(혹은 교회가 정한 장소에서), 성경의 습득과, 신앙의 지도와, 생활의 훈련을 위하여 일정한 조직과 규모를 가지고 모이는, 교사가 있고 학생이 있고 교육내용이 확실하게 있는, 그리고 성경적인 신앙 고백 위에 성령의 지배로 이루어지고 진행되는 신령한 학교이다.

1. 주일학교는 성경적이다.

　　(1) 모세오경(신 4 : 9-10, 6 : 6-7, 31 : 7-13, 14 : 23,

17 : 19).
(2) 역사서(삼상 9 : 19, 10 : 5-10, 대하 17 : 7-9, 19 :
19-20, 왕하 2 : 3-5, 4 : 38, 6 : 1, 느 1 : 1-18).
(3) 복음서(눅 2 : 41-52, 마 4 : 23, 9 : 35, 막 1 : 21, 6 :
2, 12 : 13-14, 눅 4 : 15, 6 : 6, 13 : 10, 요 8 : 59, 18 :
20, 마 28 : 19-20, 요 21 : 15-17).
(4) 초대교회(행 5 : 29-42, 15 : 1, 17 : 1-12, 18 : 1-
11, 28 : 33, 롬 12 : 7, 골 1 : 18, 딤전 3 : 2, 딤후 3 : 16
-17).

2. 성경적 가르침의 제한 요소들을 근원적으로 처방하는 첩
경이다.
(1) 교회의 목양에서 가르침의 비중이 너무 가볍다(딤전
3 : 2, 2 : 24).
(2) 가정의 부모들이 본래의 역할을 상실해 가고 있다.
(3) 일반 학교에서는 전인교육을 기대하기 어렵다.

3. 주일학교는 국가와 교회발전의 소망 있는 터전이다.
(1) 대개의 교인은 주일학교를 거친 이들이다.
(2) 큰 주일학교는 큰 교회를 만든다.
(3) 미래의 사회, 국가, 교회는 오늘의 주일학교에 좌우
된다.
(4) 교회와 선교의 출발 역시 주일학교 부터이다.

제 3 장
행정의 의미

1.행정(Adinistration)이란 ?

"직능(임무)을 결정하며, 또한 그것을 명확하게 하며 정책(방침)을 공식화하여 이를 진행하며, 권위를 위임하며, 책임자(관리자)를 선정하며, 직원을 훈련하며, 이를 위한 모든 유효한 조직과 그 목적들을 달성하기 위한 벙법과 자원의 동원이 행정이다."라고 Leonard Mayoro가 말했다.

"행정은 회중(Congress)과 함께 목표를 수립하며, 조직체들의 유기적 관계를 수립해서 의무를 분배하고, 모든 계획과 사업(Program)을 지휘하며, 달성한 바를 재검토하는 길의 진행(방법)이다."라고 H. B. Trecker가 말했다.

행정이란 "회중과 함께 또는 유기적 관계를 가지고 의무의 분배를 통하여 '~을 하는 것" 혹은 '~을 하도록 하는 것"이다.

많은 경우에 있어서 행정을 말할 때에 법과 행정조직(Crganization for Administration)을 먼저 생각하게 되고 행정에 관련된 사람을 잊어버리는 수가 많다. 그러면서도 일이 잘못되면 거기에 연관된 사람을 먼저 생각하는 버릇이 있다. 일반적으로 우리는 공동체 안의 문제를 해결하는데 있어서 법과 제도를 근거로 삼고 있다. 교회 안에서 정치와 법이 먼저가 아니라 행정이란 "무엇을 행하는 것이므로 예민한 행동을 확보하는 제 과정과 제 방법에 중점을 두고" 생각해야 한다. 그러므로 행정은 법과 제도로서가 아니라 "행동하는 사람"을 기준으로 하는 것이며, 법과 제도는 이 행정의 목표달성을 위한 규례 이상일 수는 없는 것이다. 이 원리는 주일학교 행정에도 똑같이 적용이 된다.

2. 행정 운영 지침
  (1) 행정의 목표는 member의 행복과 만족에 있다.
  (2) 행정의 필수 요소는
      ① 먼저 사람이 필요하다.(위대한 사람이 아닌 훌륭한 사람)
      ② 행정의 흐름을 숙지(Plan→3/do→see…)해야 한다.
      ③ 정확한 자료와 조사의 근거가 있어야 한다는 것이다.
  (3) 행정의 방법은
      ① 과학적이어야 한다.
      ② 규범대로 해야 한다.
      ③ 철저한 자세로 해야 한다.
        이것이 안되면 행정이라는 것이 더욱 위험하고 member들이 불행해진다.
  (4) 행정의 성공을 위해서는 member들이 어떻게 생활

하고, 얼마나 만족하고 불만이 무엇이며 무엇을 바라는가를 아는 일에 있다. 이것이 행정의 ABC이다. 이를 위한 방법은 다음과 같다.

① 직접 만나라.
② 열심히 이야기를 들으라.
③ 그것을 정책수립에 반영하라.

3. 행정 사역의 방침

(1) 사역의 규모성을 갖추어야 한다.
　　① 질서(상하, 좌우, 사역)가 유지되어야 한다.
　　② 계획(계획, 보고, 평가)이 있어야 한다.
　　③ 팀웍(공조, 전문, 연결)을 갖추어야 한다.
(2) 사역의 효율성을 기해야 한다.
　　① 능력(염력, 지력, 체력)이 필요하다.
　　② 신속(민첩, 처리, 우선순서)함이 요구된다.
　　③ 정확(공사구분, 전후결, 확인)해야 한다.
(3) 사역의 역사성이 있어야 한다.
　　① 전도가 그 기본이다.
　　② 훈련이 전제되어야 한다.
　　③ 양육이 목적이어야 한다.

제 4 장

행정의 필요

1.현대 상황에서의 요구

행정의 과제는 임무의 변화 또는 가중으로 말미암아 일어나는 문제들을 해결하는데 있다. 그렇다면 주일학교 지도자에게 행정이 필요한 이유는 다음과 같다.

(1) 임무의 변화와 가중으로 말미암는다. 주일학교 지도자의 직능이 제사장적, 예언자적, 목자적 기본 직능과 함께 다방면의 운영과 관리에 있어서의 수반 (Head)의 직능이 절실히 요구되기 때문이다.

(2) 점차 복잡한 문제와 조직체를 유지함에 따라 목적과 맡겨진 과업을 수행하기 위하여 필요하다.

(3) 광범위하고 복잡한 조직생활 속에서 그 사명을 다하기 위하여는 더욱 많은 기교가 필요하게 되고 그 시무방법은 보다 치밀하고 조직적이어야 하기 때문이다.

(4) 전통적으로 지도자는 단체활동의 관리자로, 조직생활의 지도자로, 전반사업의 집행자로서의 훈련을 거의 거치지 않고 그 훈련이 또한 불충분하며 어설프기 짝이 없기 때문이다. 이러한 실정은 결국 멤버들의 자발성과 봉사심과 활동의욕을 충분히 활용할 기회를 포착치 못하고, 기구와 조직을 바로 운영하지 못하여 전체가 일하는 것이 아니라, 지도자 혼자만으로 끝나든가, 혹은 부서의 산만과 활동을 관리할 효과적 방법을 알지 못하기 때문에 많은 재정과 시간을 소모하면서도 항상 불평만 사게 되는 것이다.

(5) 맡겨진 모든 부분을 편중됨이 없이 통솔하고, 장악하며 의무와 권리가 공평하게 분배되게 해야 한다. 그리고 생소한 임무에 대하여는 지도하고, 탈선을 제재하여, 가장 효율적으로 운영되기 위해서 행정이 요구되는 것이다.

2. 조직운영에 있어서 당면문제 해결에의 요구

주일학교 운영에 있어서 공통적으로 가지고 있는 당면문제들은 다음과 같다.

(1) 사려가 부족한 즉흥적 발언.

(2) 지도자를 따돌린 생각과 계획의 결정.

(3) 지도자를 당황케하는 돌발적 계획이나 청원.

(4) 지도자의 적절한 통제의 해제.

(5) 효과적 운영이 아닌 방임이 가져오는 폐단.

(6) 분규와 파쟁의 사전 방지.

(7) 효율적이지 못한 습관적 방법.

(8) 공적 권위와 사적 나눔의 조화와 구별의 혼란.

⑼ 활동적이지 못한 유명무실.

⑽ 일의 집행에서의 불편한 점들.

⑾ 감독과 관할의 비효과적 방법.

⑿ 영적 생활의 부조화.

⒀ 지도자와 멤버의 권위및 대화의 조화(교제).

⒁ 공과 사의 비약과 탈선의 방지책.

⒂ 효과적 연간 계획서.

⒃ 가장 이상적이고 성경적인 기준은?

⒄ 신입인의 육성에 있어서 효과적인 방법은?

⒅ 서로 간에 얽혀있는 긴장과 문제는?

⒆ 당면한 문제이면서도 속수무책인 것들.

⒇ 확신 없이 막연히 지나가기만 하는 것들 등이다.

이를 해결하기 위하여 행정의 체계화, 조직의 합리화, 사업과 행사의 종합적 계획관리기술의 습득과 그 응용의 과학적 연구가 절실하게 필요하다.

제 5 장
●●●●●●●
행정의 구성

Ⅰ. 조직행정

1. 조직의 위치

주일학교 행정뿐 아니라, 모든 행정학, 또 경영학에서 조직행정, 인사행정, 재무행정은 행정의 3대 주축을 이루고 있다. 이 세 주축은 관리와 행정의 기본이며 그 어느 하나가 위축되거나 위배될 때에는 그 관리기능이 마비되고 행정체계는 혼란에 빠지고 만다. 조직과 관리는 상호 불가분리의 관계를 가지고 있어 모든 조직은 효과적인 관리기능을 위한 이상적인 관리체계의 형성에 그 목표를 두어야 한다. 그러므로 조직이란, 고정화되거나 화석과 같은 정적 상태를 의미하지 않는다. 모든 조직은 관리기능의 달성을 위하여 수시로 그 구조를 합리적으로 변경하고 개선하는 동태와 끊임없이 최고 이상형을 지향하는 "행위 또는 활동"도 조직화의 의미에 사용된다.

2. 조직의 정의

조직이란 넓은 의미로는 "공동목적을 달성하기 위한 모든 인간의 협동체를 이룬 형태"를 말한다. 그러나 다양한 목적과 활동을 위한 인간 협동체의 모든 형태를 모두 조직이라고 말하지는 않으며 적어도 어떤 동인이 그 조직 안에 있어서 그 자체의 목적을 표시하지 않으면 안되는 (인간 행동을 협동으로 요구하는)공리적인 형태에 이르렀을 때에만 조직이라 칭한다. Louis A. Allen은 "조직이란 생물이 효과적인 공동작업을 수행할 수 있도록 기구화된 것, 또는 그러한 기초를 이루고 있는 것이다"고 하였다. 그러므로 "우리가 알고 있는 한에서는 인체(Human body)가 무수한 종류의 어떠한 조직보다도 가장 완전하고 치밀한 조직을 이루고 있다"고 했다. 조직은 대규모 조직(Large Scale Organization)이거나 소규모 조직이거나를 막론하고 그것은 인간조직(Human Organization)이며, 인간관계(Human Relations)를 떠나서는 성립할 수 없다고 보는 것이다. 그러나 조직은 인간조직이라 할지라도 그것이 일정한 목적 또는 업무를 수행하기 위한 조직이므로 업무조직(Work Organization)으로서 파악해야 하는 것이다. 그러므로 행정에서의 조직이란 제도화를 의미하는 동시에 의무와 의무 간의 내적 관계를 포함한 절차(Procedure)와 관련되어 있으며 "절차와 기술"로서 표시할 수 있는 "제도화의 형태"라 할 수 있다. 그런고로 조직이란, "관리를 위한 조직"이며, "협동의 양식"이며, "인간조직"이며, 또한 "업무조직"으로서 "제도화된 구체적인 형태"로 파악되고 인식되어야 한다.

3. 조직의 원리

조직의 원리(Principle of organization)는, 어떠한 조직이 주어진 일 또는 공동목적(Common purpose)을 수행하는데 가장 합리적이고 적합한 조직이냐를 과학적으로 고찰함으로써 인식되는 "조직에 관한 근본 이론과 원리 원칙"을 가르키는 것이다. 즉 최소의 노력과 비용으로 최대의 효과와 이익을 획득하도록 실현하는 문제의 고찰과 일치되는 것이다. 조직의 중요성은 목적수행에 있어서 측량할 수 없을 만큼 그 가치를 인식하게 되는데, 즉 두사람 이상의 집단행동에 있어서 그 규모가 크면 클수록 조직이 없는 행동에 비하여 조직화된 행동의 성과는 절대적인 것이다.

(1) 조직원리에 있어서 먼저 고려해야 하는 근본 요소들은 다음과 같다.

① 일의 성질에 따라 조직이 달라질 수 있다.

② 조직에 있어서 가장 중요한 것은 직원 채용의 가치를 결정하는 것이다.

③ 물질적 자원을 적절히 사용하는 것이 극히 중요하다.

④ 지리적 조건을 충분히 고려해야 한다.

⑤ 조직의 형태는 대소 규모에 따라 단일편성에서부터 복잡하고 대규모화된 조직편성의 형태가 있다.

⑥ 조직에는 최고 관리층 또는 지도지휘자로브터 최하 잡무직원에 이르기까지 지휘, 통제, 감독, 계통이 수립되고 한 사람의 책임자 또는 장에 대하여 두 사람 이상의 회원 또는 직원을 가진 군대와 같은 계선(Line) 체계를 갖는 것이 상례이다.

⑦ 조직의 규모 확대에 따라 한 명의 책임자에게 몇사람의 보좌원, 또는 다수 인원으로된 간부(Staff)

또는 막료조직이 특수한 기능을 발휘하도록 만들어진다.

⑧ 계선조직과 막료조직 이외에도 독립된 보조기관 또는 속회도 필요에 따라 가지게 된다.

(2) 조직을 착수함에 있어 반드시 사전에 결정해야할 문제점들은 다음과 같다.

① 인원의 조정과 지배를 위한 조직상의 필요한 조건은 어떻게 정할 것인가 ?

② 최대능력의 기구와 최대성과를 구현하기 위하여 어떻게 조직화 할 것인가 ?

③ 최소의 노력과 최소의 비용으로 목표를 달성하기 위한 조직은 어떻게 해야 할 것인가 ?

④ 주어진 목적을 가장 짧은 시간에 완수하기 위한 조직화를 어떻게 할 것인가 ?

⑤ 인원과 사업(Work)의 관리에는 어떤 관리제도를 적용할 것인가 ?

이상의 여러 문제들을 충분히 고려하면서 조직에 관한 원리원칙을 규명해 나가야 하는 것이다. 조직은 인간이 행한다. 그것은 조직의 기술로 발전한다. 그러므로 이것은 인간의 문제이며 인간 상호간의 문제이다. 이 문제는 인간 조화의 문제와 직결되고 공동이익을 위한 공동행위를 목표로 하는 의무관계의 통제조정인 것이다. 따라서 조직이란 한편으로는 순수한 과정(process)으로, 다른 한편으로는 그 과정을 창설하고 이행하는 인간행동(Haman Action)으로 파악된다. 그렇기 때문에 공통의 목표를 달성하기 위하여 결합체로서의 조직체는 인간 결합체이다.

조직체 안에서 이러한 인간 관계가 조직체의 목적과 상관

하는데 있어서 조직의 제일 원리로서 조정의 원리(Coordina-
tive Principle)를 규정지어야 된다.

A. 조정의 원리
　　조정의 원리는 조직상의 최고 원리로서 ① 조정 ②
　　권위 ③ 상호부조 ④ 시무규정의 네 요소로 분석된다.

　　　① 조정(Coordination)이란 공통된 목적달성을 위하
　　여 선정된 인원 간에 노력의 결합이 이루어질 때
　　시작되며 그 공동목적을 수행함에 있어서 행동의
　　통일이 구현되도록 집단적 노력이 질서적으로 배열
　　되고 통합정리되는 것을 말한다.
　　　② 권위(Authority)는 조정의 근거이며 기능을 수행
　　하는데 수반하는 명령과 복종의 관계를 계통화하는
　　기초 즉 최고조정권력을 말한다.
　　　③ 상호봉사(Mutual Service)란, 조직의 원리가 조
　　정에 있다면, 그것은 이해의 조정과 집단적 노력의
　　배열에 대한 조정이므로 상호의 이익 있음을 발견
　　하고 이를 위하여 상호부조하고 봉사하도록 책임과
　　의무의 관계를 서로가 존중하고 준수해야 한다는
　　것이다.
　　　④ 시무규정(Docrtrine)이란 목적과 담당한 일에 대
　　한 내용을 규정하는 것이다. 즉 무엇을 요구하고
　　있는지, 그 목표를 결정하고 이에 따라 담당해야 할
　　직무를 명확히 정의하는 것이다.

B. 계단적 통제형태의 원리
　　계층(Scalar)이라는 말은 계단 또는 사다리형과 같

이 층층의 계층을 이루는 계열을 표시하는 용어이지만 여기서는 "위계의 등급"을 이루고 있는 피라밑(Pyramid)형의 계단적 통제형태를 의미한다. 조직에 있어서 계단적 통제형태는 기능상의 차이에 의한 구분이 아니라 권한과 의무와 책임의 정도에 의한 구분이며 직무를 계단의 등급으로 구분하는 통제체계의 수립을 의미한다. 이와 같은 체계는 교회, 군대, 일반행정기관, 산업기관 등과 같은 대규모 조직 뿐 아니라 두 세 사람 정도의 조직에도 흔히 있는 것이다.

J. D. Mooney는 "어떤 소규모 조직에 있어서도, 즉 두 사람으로 구정된 조직에 있어서도 상위자와 하위자가 있으며 이것이 곧 계층 원리(Scalar Principle)인 것이다"라고 했으며, 계층과정(Scalar Process)에 대하여는 다음 3 가지 항목으로 분석하고 있다.

① 지도권 또는 통솔력(Leadership)이란, 지휘하고 조직하는 직능으로서 그 조직체의 모든 활동에 대한 진로방향을 규정하는 결정등을 그 기능으로 한다. 또한 그 조직 안의 모든 활동에 대한 지휘(Directing)와 조정(Coordinaion)을 담당하며, 계층화된 조직을 통하여 방침의 결정(Policy Making)과 의사결정(Decision Making)등을 행하는 직능도 포함한 것이다. Leadership 은 각 계층에 따라 한계가 제약되어 있는 것이며 그 직위의 등급에 따라 Leadership의 한계가 달라지는 것이다. Leadership은 업무수행조정 뿐 아니라 그 직무에 종사하는 인원까지 조정하게 되어야 한다.

② 책임위양 또는 권한위임(Delegation)은 상부권위로부터 특정된 책임사항(권한)을 분담수여 받는 것

을 말한다. 상위자가 부하에게 특정된 직무를 완수
하도록 위임하였다면 그 부하는 당해 직무의 수행에
대한 책임과 의무를 지게 되며 반면에 직무수행에
있어서 필요한 권한도 위임된 것이라고 보는 것이다.
③ 직능규정 또는 직무의 결정(Functional definition)
이란 직능의 내용과 목적과 한계를 명확하게 정의
하는 것이다. 각 계층의 직무담당자는 자기가 해야할
특정한 과업과 그 과업의 목적, 책임한계, 직무량,
그리고 전체 계통의 수행과정에 있어서 자기의 직
무가 어떠한 위치를 차지하고 있는지를 명확하게
인식함으로써 책무를 완수하게 되는 것이다. 그러
므로 조직에 있어서 중요한 원칙은, 위에 열거한
조정의 원칙과 계통제의 원칙이며 다시 계통제의
원칙은 지도권과 책임위양 및 직능의 규정을 요건
으로 인정하는 것이다.

C. 기능원리 또는 직능주의

조직의 제 3 원리는 기능원리 또는 직능주의라고
하는 "직무의 종류에 따라 구분하고 또한 과업의 전
문화에 따르는 분업제를 실시하는데 필요한 제원칙"
을 말한다. 이것은 직능과 의무의 종류 간에 인식되는
차이를 명확히하여 기능의 분화를 체계화하는 것이다
(예 : 군의 계급, 병과). 바꾸어 말하면 기능원리는
직무의 종류를 구별하고 각 과업의 전문화에 응하여
분업제를 확립함으로써 능률화와 기술적 합리화를
구현하려는 "직능의 분화"인 것이다.

이상의 고찰에 의하면 조직 내지 조직체의 구조적
원리는 ① 조정원리를 적용해야 할 것이며 ② 계층

원리(또는 계통제)를 채용해야 할 것이며 ③ 기능원리를 구현해야 된다는 것을 인식하게 될 것이다. H. A. Simon은 행정적 능률을 목적으로 하는 계통적 조직은 ① 피라밑형의 구조 ② 분업제(업무분담) ③ 분담과 업의 전문화 ④ 통제범위의 한정등 네가지 원칙을 들고 있다.

4. 조직형태의 분류와 그 능률

전술한 구조원리에 입각한 계선조직(Line Organization)과 막료조직(Staff Organization)및 보조기관 조직(Auxiliary Organization)을 고찰해야 하는데, 이는 조직을 이해하고 조직을 계획하는 자에게 있어서는 이상을 어떻게 인식하고 배정하며 파악하느냐 하는 것이 근본적인 문제이기 때문이다.

(1) 계선조직

행정조직이나 경영조직이나 그밖의 조직의 일에서도 상, 하, 서열, 지휘계통, 감독계통을 계선이라 부르며, 이와 같은 조직을 계선조직이라 통칭하게 되는데, 이를 또한 직선조직이라고도 한다. 계선조직은 지휘및 명령계통이 직선으로 이루어지기 때문에 동단계의 타직위로부터 지휘나 명령을 받지 않으며 또한 할 수도 없는 것이 그 특색이다. 또 이는 중앙집권적 형태를 가졌으므로 한 사람의 상사와 수인의 부하를 가지는 각 단계의 책임자는 어떠한 업무라도 담당하고 수행해야한다는 가정 하에 상사의 명령과 지휘에 복종할 것을 원칙으로 한다. 따라서 계선조직에서는 중간 책임자가 그 직무를 완수하지 못하면 그 이하의 하부층도 연쇄적으로 그 기능을 완수하지 못하고 마비되는 결함을 가지고 있다. 그러나 이와 같은 단점을 내포하고 있음에도 불구하고 여기에는 명령계통이 확립되어 있으며 명령과 지휘계통이 단일화하고 있는 까닭에 각자의 임무와 책임의 한계가 명백하며 강력한 통제력을 발휘할 수 있다는 것이다. 그러므로 지휘계통의 용이하여 소규모 조직체에 적응하는데 적합한 것으로 이해되고 있다.

(2) 막료조직

계선기능이 집행적, 실시적 활동을 하는 성질의 것 이라면 막료기능은 직접 권한을 행사하거나 명령하는 기능이 아니라 전문적 지식을 통하여 조언, 권고, 협의, 상의, 정보제공, 계획등을 내용으로 하는 촉진적 조력의 성질을 가진 것이다. 모든 조직체는 원칙적으로 계선조직을 가지게 되는 것이다. 그 업무의 성질과 조직의 규모에 따라 소규모일 경우에는 계선조직으로 족하며 지휘통솔이 용이하다는 특색을 가지고 있다. 그러나 대규모 조직이며 또 기능에 있어서 계선조직으로만 불충분할 때에는 막료조직의 조치를 필요로 하며, 그것이 근대적이고 고도의 기능임을 알 수 있다. 이와 같은 구조적 원리는 행정조직과 관리에도 적용할 수 있는 것이며, 과학적, 능률적 행정 원리는 행정조직과 관리에도 적용할 수 있는 것이며, 과학적, 능률적 행정관리를 위하여서는 이와 같은 원리를 적절히 채용해야 되는 것이다.

(3) 보조기관 속회

이는 현존하는 조직을 위하여 특수임무를 담당하는 기관이며 계선조직에 협조하고 조력하는 서비스

(Service)기관을 말한다. 이와 같은 조직의 원칙들은 그것이 조직체의 성격에 따라 그 적용에 있어서 그 일부를 취하고 다른 일부분을 선택 종합하기 한다. 이러한 행정조직체의 원칙은 횡적으로 분화하기도 하고 종속적으로 분화하기도 한다. 그러나 종국에는 조직체의 장 곧 행정수반에 의하여 장악되게 한다.

① 그것은 통합(Integration)과 분리(Segregation)의 원칙에 의하여 분별된다.

② 그것은 중앙집권(Centralization)과 분권(Decentralization)의 원칙으로 분별된다.

③ 그것은 단독제와 합의제 원칙에 의해 분별할 수 있다.

위와 같은 행정조직의 제원칙을 조직일반의 기초이론과 관련시켜 고찰하여 가장 과학적이고 합리적인 구현을 하려면 다음 몇가지를 고려해야 한다.

① 명확한 책임과 권한을 각 직위별로 정할 것.

② 권리는 반드시 책임과 함께 부과할 것.

③ 각 부서나 위원회의 직무를 명확하게 규정할 것.

④ 조직은 고정된 것이 아니고 항상 변화하는 관리상의 수단임을 충분히 반영할 것(유동성 유지).

⑤ 조직 중의 한 직책을 담당한 직원이 두 사람 이상의 상급자로부터 명령을 받지 않도록 할 것(명령계통은 오직 하나라는 Unity of Command 원칙).

⑥ 거부권은 거부의 결과에 대하여 책임을 지게 되어 있는 자에게만 부여할 것.

5. 조직의 유익

현대의 기독교운동이 초대교회나 중세기교회 또는 종교개혁시대와 다른 점은 ①평신도운동 ②주일학교교육운동 ③조직적인 운동이다. 현대사회는 조직사회이다. 그런고로 올바른 조직으로 지도하게 되면 많은 유익을 가져온다.

(1) 통일성 있게 하게 된다.

개인주의나 고집이나 비협조적인 태도로 어떤 특정 인물이 중심이 되어 일을 한다면 큰 지장을 초래하게 된다. 조직이란 상호협조하는 Team Work을 발전시키는데 큰 의의가 있다(개인 역량을 목적을 위해 집약시키는 것).

(2) 책임소재를 분명히 한다.

책임소재가 분명하지 않다는 것은 조직이 비정상적이라는 증거밖에 되지 않는다. 조직이 잘 되면 각자의 책임을 잘 알게 되고 다른 이에게 자기의 책임을 전가할 필요가 없고 뒤로 미룰 수도 없게 된다. 따라서 할 일이 없어서 노는 자도 없게 되고 1인 독재식의 비정상적인 일도 생기지 않으며 더 나아가 질서를 잘 유지하게 해준다.

(3) 효과적이 되게 한다.

올바른 조직기구가 안정감을 가지고 최선을 다할 수 있는 기틀이며 분위기 조성인 것이다. 조직 없이 지도된 성장은 곧 무질서와 기형적 결과를 낳게 된다. 궁극적 목적달성과 사명을 효과적으로 완수하기 위해서는 조직을 활용해야 한다.

6. 조직의 계획

(1) 행정분야(총무기능)

　사역의 근본적 부분을 증진시키는 분야가 행정분야라 생각할 수 있다. 이 분야를 총무처(총무부)라는 명칭으로 호칭되는 것이 통상적인 일이다. 이에는 행정적 사무를 처리할 수 있는 능력을 사무진행에 대한 훈련과 기능의 숙련이 꼭 필요하다. 이런 자격 외에 재치있고 충성스러운 이가 선정되어져야 한다. 이의 사무분장은 ①사무상 정리및 관리이다(상회와 타기관에 관한 사무, 전체에 관한 사무, 각부에 관한 사무, 회의에 관한 기록정리 사무, 통신에 관한 사무 등이다). ②설비상의 사무이다(건물, 교실, 집물, 교구및 교재도서의 구입및 준비). ③재정처리및 관리이다.

　예산편성, 결산심의, 헌금, 보조금, 재정에 관한 문서의 정리및 관리등도 포함된다.

(2) 교무분야(교육기능)
　① 전체교육에 관한 교육및 방안 모색.
　② 인력확보및 훈련과 임명 그리고 자질 향상.
　③ 직원배치와 배정.
　④ 연중계획의 체계적 작성과 진행.
　⑤ 교육목적에 적용할 수 있는 방법과 채택된 교재의 평가.
　⑥ 전체교육의 평가.
　⑦ 교육및 재교육, 지도력 배양.
　⑧ 주제및 결정.
　⑨ 교육대책 수립.

(3) 생활지도 분야(실제문제 담당기능)
　① 전도활동과 개인 신앙문제 담당.
　② 신앙에 따른 생활훈련.

③ 부딪히는 문제 처리.
④ 영적인 체험과 구원의 확신.
⑤ 봉사와 실제적인 실천방안 모색.
⑥ 질서유지와 분위기 제공.
⑦ 관리및 지도대책을 수립.
⑧ 상담및 축하와 환영.
⑨ 특활및 활동지도.

7. 조직의 실제

(1) 주교 분류

대개의 주일학교는 다음과 같이 주요한 연령에 따른 시기로 분류한다.

① 어린이 시기 : 0~11 세.
② 청소년 시기 : 12~24 세.
③ 장년 시기 : 25 세 이상.

위와 같은 연령분류는 교수하는 면이나 훈련 면에서 그리고 봉사하는 면에서 균형이 잘 이루어진 분류이다.

(2) 부조직과 반편성

아래에서 위로 올라 가면서 분류한다는 것은 각 부 및 반으로 나누는 것을 말한다. 각부로 조직을 하는 것은 계통적으로 서로 잘 통할 수 있게되어 주일학교 운영이 잘 되게 하기 위해서이다.

각 반 편성은 연령, 취미, 그리고 학교 학년 별로 자연히 구분됨을 의미한다. 따라서 어린이들이 학교에 입학하게 되면 누나 오빠 동생이 연령에 따라 각 학년으로 나누어지는 것처럼 주일학교에서도 연

령과 각 학년에 따라 한 집안 형제들이라고 하더라도
각 반별로 나누어야 한다.

	부　　별	학교 학년별	연 령 별
1	영아부 (Cradle Roll)		출생후~1세
2	유아부 (Nursery)		2세~3세
3	유치부 (Kindergarten)	유치원생	4세~5세
4	유년부 (Pimary)	국민학교 (1~3)	6세~8세
5	초등부 (Junior)	국민학교 (4~6)	9세~11세
6	중등부 (Jnior High Inter mediate)	중학교 (1~3)	12세~14세
7	고등부 (Senior High)	고등학교 (1~3)	15세~17세
8	청년회 (Young People youth)	대학생	18세~24세
9	장년회 (Adult)		25세 이상
10	가정부 (Home Deprtment)		연령제한없음
11	확장부 (Extension Department)	국민/ 중고등학교	신입부라가칭

① 교육위원회가 있어 전체 부서를 통괄하는 경우의 조직표.

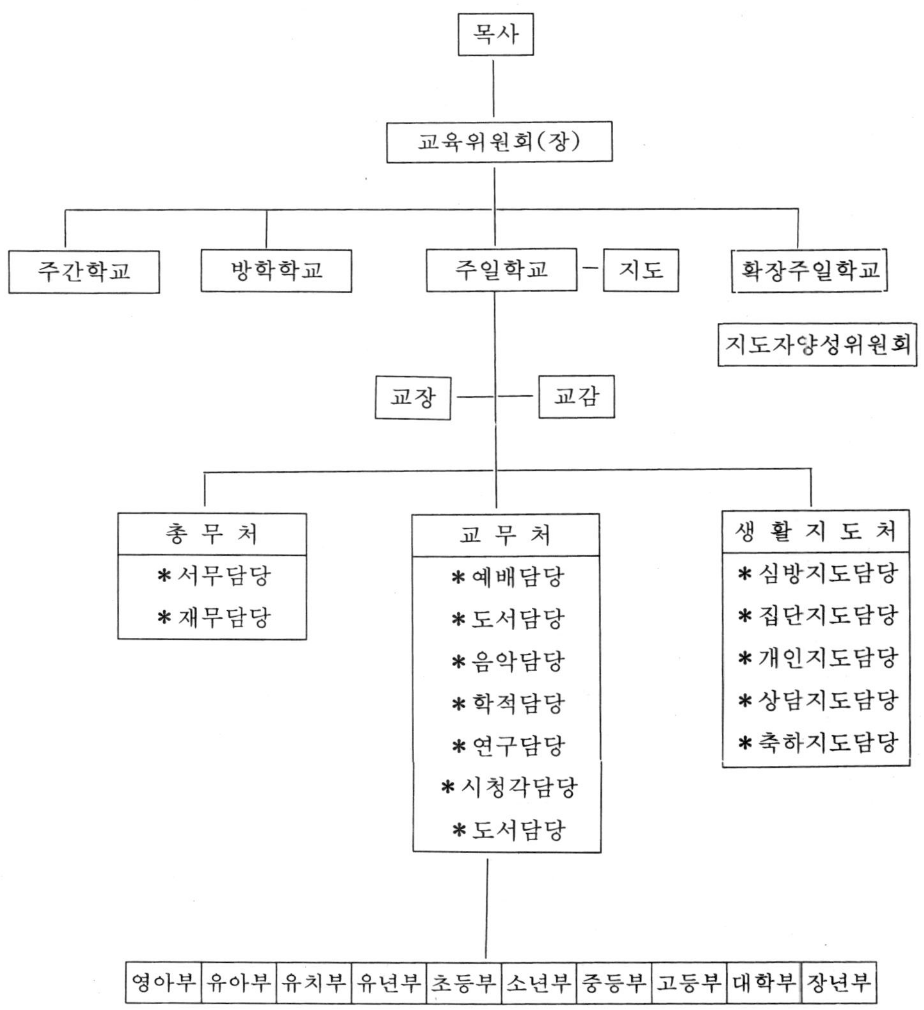

② 단위별 운영을 주로 하는 경우의 부서별 조직표

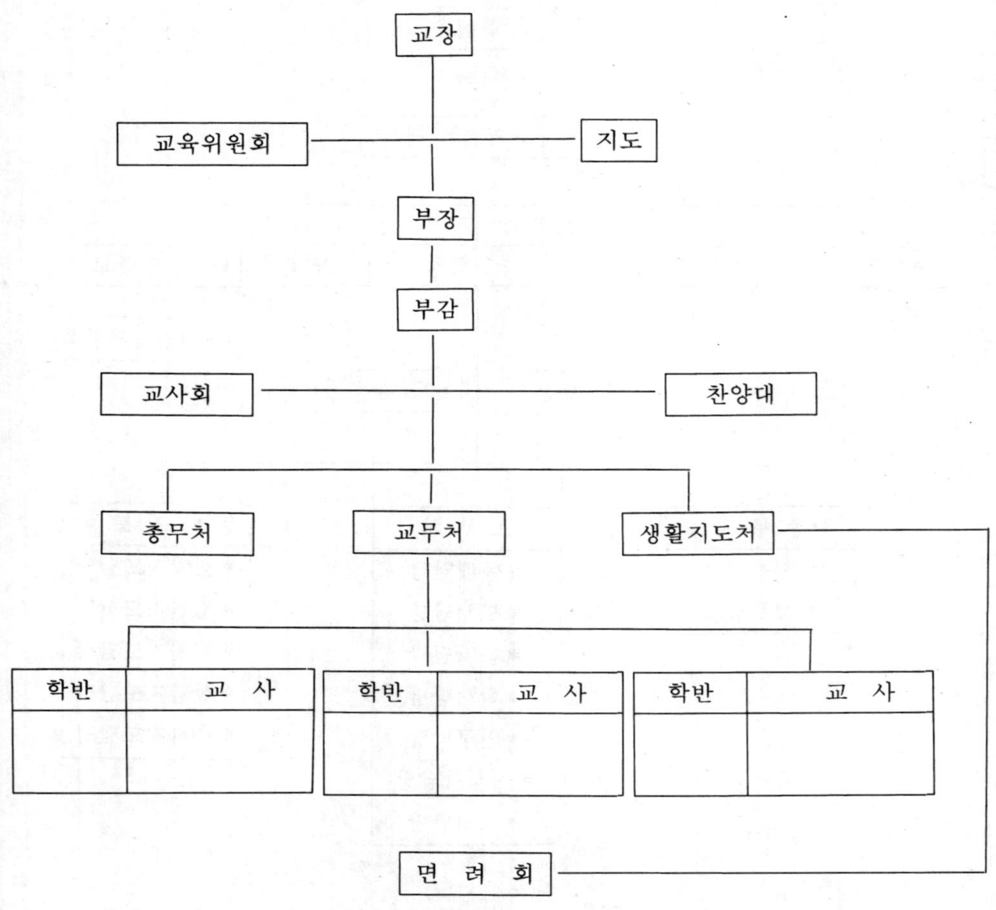

II. 인사행정

1. 필요성

아무리 조직이 훌륭하다 하더라도 훌륭한 인사행정이 뒤따르지 않으면 그 조직은 성공을 기대할 수 없다.

결국은 성패의 결과가 조직과 인사행정에 기인하기 때문이다. 그러기에 다음과 같은 조건들을 우선적으로 고려해 보아야 할 것이다.

(1) 알맞은 조직인가 ?
(2) 조직에 따르는 인사행정이 적합한가 ?
(3) 기본행정에 순응하는 인사행정체계를 수립했는가 ?

2. 원리

인사행정의 원리는 다음과 같은 단계를 거쳐야 할 것이다.
　(1) 확보
　　① 확보의 책임.
　　모든 교육은 실무자에게 있다. 자신의 부서만 내세우거나 욕심을 부리지 말고 서로 긴밀한 협조체제를 이루어 살피고 천거해야 한다.
　　② 확보의 방법.
　　a. 심방(신임자와 기존교사를 망라해서 먼저 가능한 대상자 명단을 작성하여 심방한다).
　　b. 서신(잘 만나지 못하는 경우에는 설문응답서 겸용으로 된 양식을 사용한다).
　　c. 전화(만나는 것이 용이하지 못할 때에 전화로 하되 가능하면 직접하도록 한다).
　　d. 설교(몇 주간 계속해서 말씀으로 강조한다).

e. 기록부 참조(교적부나 봉사기록부를 참조하여 숨은 인재 및 가능자를 발굴하게 된다).

f. 평소 관찰(평소의 교회생활을 하는 중에 관찰하여 가능자에게 촉구를 하도록 한다).

g. 고등부 졸업자나 다음 기회에 하겠다고 약속한 자를 대상으로 봉사를 권유하고 훈련의 기회를 가지게 한다).

③ 확보의 시기

늦어도 11월말까지는 확보해야 한다. 왜냐하면 12월 첫주(혹은 둘째주)에 임명을 해야 되기 때문이다.

④ 확보의 기준

★ 일반적인 기준은 다음과 같다.

a. 세례교인(즉 신앙의 고백을 했느냐의 기본적인 기준이다).

b. 전입 후 6개월(아무리 능력이 있더라도 최소한의 교회 적응의 기간은 필요하다).

c. 교회와의 견해(신학, 신앙)와 보조가 같은 자이어야 한다.

d. 교회 활동(출석, 기타봉사)의 참여자이어야 한다.

e. 생활 속에서 영적 변화와 신앙의 체험을 영위하는자로서 모범적이어야 한다.

★ 신앙적인 기준은 다음과 같다.

a. 구원 받은자(하나님과 그 말씀을 알고, 배우고 경험한 자)이어야 한다.

b. 그리스안에서의 생활인이어야 한다(말씀으로 자신을 양육하며 영감을 소유한 자).

c. 봉사의 목적을 신앙적으로 이해하는 자이어야
   한다.
d. 헌신자(특히 한 해 동안은 그 일을 위해 전력 질주
   하는 자)이어야 한다.
e. 자신의 한계를 인식, 인정하는 자(곧 성령의 주
   관적인 역사를 믿음)이어야 한다.

★ 교육적인 기준은 다음과 같다.
a. 교육의 교회적 위치를 이해하는 자이어야 한다.
b. 어린이를 이해하는 자이어야 한다(그 위치, 특성,
   심리, 생태, 가능성)
c. 어린이를 사랑하는 자이어야 한다.
d. 가르치는 능력이 있는 자이어야 한다.
e. 지식이 있는 자이어야 한다(최소한의 지식구비).

(2) 훈련
① 훈련의 방법
a. 견습 : 특히 초임자들은 3~4주간 동안 배속될
   부서에 견습케 한다.
b. 강습회및 준비모임 : 교사 수련회와 같은 프로
   그램에 참석케 한다.
c. 관계 형성 : 지도자와 사전 만남을 통해 교류를
   형성케 한다.
② 훈련의 내용
a. 교사의 기준을 재강조 한다.
b. 교사의 발전과정을 주지시킨다(규칙에 따라 목
   자로서 모본을 보일 것).
c. 조직과 임무와 그 역할을 이해하게 한다(교칙,
   내규등)

d. 팀웍 의식을 부여한다.
③ 훈련의 시기 : 확보하여 임명받기 전으로 한다.
(3) 임명
① 임명의 방법 : 임명장 및 수첩(교사표식)과 뺏지를 준비하여 교육의 밤이나 특별예배시에 온 교회 앞에서 긍지를 가지도록 공적으로 임명한다. 가능하면 모범자 표창도 장려가 될 것이다.
② 임명의 시기 : 최소한 12월 첫째 주나 둘째 주에는 해야한다.
③ 임명의 책임 : 교육 위원회를 거쳐 교회에 있다.
(4) 자질향상
① 정기적 혹은 비정기적인 계획을 가진다.
② 기본 Program 혹은 특별분야에 따라 운영한다.
③ 자질향상의 체계화를 위해 교사대학 및 교사양성 기관을 운용한다.
④ 자질향상의 다양성을 구가한다(강습회, 헌신예배, 교육의 밤, 도서관 운영, 교사회 활용, 가정학습물, 외부대회참가, 견학등).

3. 책임자

(1) 지도의 책임자
① 목사(교장) : 행정의 수반이며 총체적 책임자이다.
a. 말씀 사역의 기획(방향, 목표 설정)
b. 관리의 총괄(가정과 교회, 교사와 부모, 교사와 어린이의 관계 유지).
c. 교사의 확보, 훈련, 임명, 관리의 관장.

② 기독교 교육 전문 지도자(목사, 전도사)
a. 교육 프로그램 계획과 관리.
b. 커리큐럼 분류와 진행.
c. 교사의 지도와 훈련.
d. 체제의 조직 시안과 관리.

(1) 실무 책임자
① 자격
a. 헌신적이어야 한다.
b. 진취적이어야 한다.
c. 침투적이어야 한다.
d. 열정적이어야 한다.
e. 아동과 청소년에 대한 애정이 있어야 한다.
② 지도자의 임무
a. 주일학교에 대한 관심을 증진시킨다.
b. 주일학교의 모든 활동을 지도한다.
c. 교사, 직원들의 정기적인 회합을 잘 유지한다.
d. 교사들이 능률적인 교수를 할 수 있는 준비를 해야
   한다.
e. 재정 관리를 잘 해야 한다.
③ 부장, 부감의 임무
a. 부의 활동과 관심을 촉진시킨다.
b. 효과적인 예배를 드릴 수 있도록 준비를 잘 하며
   진행시킨다.
c. 주일학교의 모든 활동을 지도한다.
d. 자기 부의 교사나 직원의 회합을 인도한다.
e. 교육 목표를 추진시킨다.

4. 인사행정에 있어서의 성경적인 원리와 그 자세

(1) 바울은 경영, 행정, 관리자로서의 본이다(행 23 : 1).
  ① 범사에 양심껏 했다(23 : 1).
  ② 범사에 사리가 밝았다(23 : 5).
  ③ 범사에 판단력이 있었다(23 : 6).
(2) 하나님의 집합체로서 인사행정의 원리는 다음과 같다.
  ① 그리스도의 제자로서 책임을 이해하고
  ② 그 책임을 수락하고
  ③ 주의 나라 목적의 성취를 위해
  ④ 하나님과 동역하는 사람들에 의해 존속된다.

그러기에 인사행정의 성공은 수직과 수평의 관계 형성과 유지에 있다.

III. 재무행정

1. 필요성

공공목표를 달성하기 위하여 소요되는 일체의 경비를 취득하고 관리하려면 행정적 일체의 작용이 반드시 필요한 것이다.

2. 기본원리

(1) 재정은 목적이 아니라 수단이다.
(2) 일은 돈이 하는 것이 아니라 사람이 한다.
(3) 스스로의 목표를 달성하기 위하여 튼튼한 재정관리를 해야한다.
(4) 경영진은 자체의 사명과 보호를 위하여 튼튼한 재

정관리법을 수립하여야 한다.

(5) 회계업무에 있어서 전문적 자격을 갖춘 자를 두어야
한다.

(6) 편성과 소유권과 명의는 단체의 이름으로 한다.

(7) 취득에 있어서 투자의식을 고취시켜야 한다.

(8) 관리에 있어서는 청지기 의식이 있어야 한다.

(9) 지출에 있어서는 신앙의식이 있어야 한다.

(10) 통제에 있어서는 우선 순위가 지켜져야 한다

3. 직원

(1) 지도자 : 지도자는 프로그램에 필요한 비용들 제
시하여야 하며 독려, 확인, 통제, 감독을 하여야 한다.

(2) 담당자 : 재정적인 경험이 있는 사람으로서 집계,
예금, 정리, 보고, 보관, 입출금을 지도자의 지시에
의해 집행한다.

4. 재정의 내역

(1) 수입부문

① 각종 항목에 따른 자체 수입.

② 고유로 지정된 상회지원 보조금.

③ 기타 특별 행사시의 수익금.

(2) 지출부문

① 교사훈련에 의한 지출.

② 교육에 따른 지출.

③ 전도에 소요되는 지출.

(3) 예산서(결산서)

① 사역 내용에 따라서 결정한다.

② 분명한 근거에 의해 산정한다.

③ 믿음으로 한다.

5. 재정의 문제
(1) 재무행정의 몰이해

재무행정의 3대 주축은 ①예산의 분류 ②예산의 편성과 승인 ③예산의 집행의 절차 확립이다.

(2) 재정결핍의 원인

① 청지기 훈련의 부족에 있다.

② 불철저하고 급작스러운 계획 때문이다.

③ 소요재정의 긴요성 설명및 발표의 졸렬에 의한다.

④ 재무행정 경리의 불철저로 신빙성의 상실에 있다.

(3) 재정해결의 원인

① 지출방법(어떻게 지출할 것인가)의 공리성이 있어야 한다.

② 경리의 정확성(어떻게 관리할 것인가)이 요구된다.

③ 효과적이고 신빙성있는 사용(어떻게 사용할 것인가)이어야 한다.

6. 예산 분류의 제 유형

예산분류의 목적에 따라 분류방법이 달라진다. 그러나 대체로 다음 4가지로 제시된다.

(1) 기능별 분류이다.

① 예배를 위한 경비.

② 교육을 위한 경비.

③ 교육관리및 행정을 위한 경비.

④ 관리및 유지를 위한 경비.

⑤ 접대와 봉사를 위한 경비.

(2) 조직기관별 분류이다.
(3) 품목별 분류이다.
(4) 경제 성질별 분류이다.

7. 예산 편성과 심의 제 절차
(1) 편성및 제출이 있어야 한다.
(2) 승인이 있어야 한다.
(3) 집행이 있다.
(4) 검사가 있어야 한다.

8. 집행의 목표
(1) 예산은 사업계획의 수자적 표현이다.
(2) 재정적 한계 엄수가 요구된다.
(3) 신축성의 유지이다.
(4) 계산과 보관과 지불의 절차를 지킨다.
(5) 명세표 기록의 작성을 잘한다.
(6) 검사가 있어야 한다.
(7) 보고가 필수적이다.

91년도 초등부 세입 예산

항 목 \ 구 분	90년 실적		91년 예산		증 감	
	예산	결산	금액	산출근거	금액	%
1. 이월금						
2. 주일 헌금						
3. 감사 헌금						
4. 십일조 헌금						
5. 절기헌금 부활절						
맥추감사절						
추수감사절						
성탄절						
6. 수양회비						
7. 교회보조금						
8. 기타 이 자						
찬조금						
교재대금						
계						

91년도 초등부 세출 예산

과목			90년 실적		91년 예산		증 감	
과	항	목	예산	결산	금액	산출근거	금액	%
예배비		성가대						
		주보대금						
		찬송가궤도						
		계						
교육비		성경학교						
		어린이교본						
		교사교양지						
		교사공과대						
		시청각						
		학기말시험						
		교사교육						
		계						
전도비		총동원전도						
		부흥회						
		계						

91 년도 초등부 세입 예산

과 목			90 년 실적		91 년 예산		증 감	
과	항	목	예산	결산	금액	산출근거	금액	%

91 년도 초등부 세출 예산

과 목			90 년 실적		91 년 예산		증 감	
과	항	목	예산	결산	금액	산출근거	금액	%

Ⅳ. 사무행정

1. 필요성
(1) 업무의 체계화에 필요하다.
(2) 활용과 발전에 있어서 자료확보에 기여한다.
(3) 질서와 관리의 기본이 된다.

2. 순서및 원칙
(1) 순서
① 기록을 철저히 한다.
② 확인을 반드시 한다.
③ 활용을 효율적으로 한다.
④ 보존을 원칙으로 한다.
(2) 원칙
① 간단명료함 : 모두가 다 기록방식을 운용할 수 있어야 한다.
② 현재성 : 가장 최신의 것이어야 한다.
③ 기록방식 : 사람의 이동에 관계없이 계속되어져야 한다.
④ 기록비축 : 과거, 현재, 미래의 기록전모를 완성한다.
⑤ 경제성 : 저렴한 종이와 서식 및 명부를 실질적으로 활용한다.
⑥ 영구성 : 명부및 문서는 기록자료로 간주한다.
⑦ 기록의 숙련 : 잘 훈련되고 성실한 담당자는 시간과 힘을 절약한다.
⑧ 참여 : 가장 큰 효과를 요하여 모두가 다 참여해야 한다.

⑨ 일관성 : 전체적으로 같은 기록방식이 채택되어야 한다.

⑩ 신령적 사용 : 영적 촉구에 사용되어져야 한다.

3. 방법

(1) 공식, 비공식을 구분한다.

(2) 즉시기록한다.

(3) 기본 서류및 양식 확보가 우선이다.

(4) 양식 통일을 기한다.

(5) 확인한다.

(6) 보안및 관리의 철저를 기한다.

4. 유익

(1) 전체 참여를 촉구한다.

(2) 완전한 근거를 제공한다.

(3) 평가와 측정의 기본을 제공한다.

(4) 장,단점을 밝혀준다.

(5) 효율적인 운영을 가능케 한다.

(6) 최신 통계자료를 제공한다.

(7) 전체의 기록을 보유한다.

(8) 격려의 자료가 된다.

(9) 실무자를 도운다.

(0) 좋은 습관을 길러준다.

(11) 지침으로 사용된다.

(12) 해당의 실마리를 준다.

(13) 정보를 준다.

(14) 동기를 부여해 준다.

(15) 공적이 되게 한다.

5. 기본 양식들
(1) 목표카드

멋있는 하나님의 사람 지침 10 조

이름 :

1. 하루 1 장 이상 성경을 읽는다.
2. 아침 저녁 기도한다.
3. 열심히 전도한다.
4. 매일 하나님이 기뻐하시는 일을 위해 노력한다.
5. 책임을 다한다.
6. 올바른 자세를 가진다.
7. 규모있게 생활한다.
8. 순종을 실천한다.
9. 아름다운 말을 한다.
10. 인사를 잘한다.

(2) 개인별 기도카드　　　　　　　　〈앞면〉

90년도 표어

〈교　회〉"더욱 든든히 서가는 교회"
〈초등부〉"말씀으로 사는 어린이"

학년　반　목표

＊ 한반에 10명이상 계속 출석!

월	1	2	3	4	5	6
출석／목표						
월	7	8	9	10	11	12
출석／목표						

기도제목	

〈뒷면〉

어린이 명단		

No	이 름	전 화	비 고
1			
2			
3			
4			
5			
6			
7			
8			
9			
10			
11			
12			
13			
14			
15			

대한예수교 장로회 **교회** 주일학교 초등부 교사

(3) 반별 관리 보고서

(학년   반)   (교사)

NO	이 름	(출) (결)	반 우 회 참 석	월				
				1	2	3	4	5
1								
2								
3								
4								
5								
6								
7								
8								
9								
10								
11								
12								
13								
14								
15								
16								
17								

(참고)

　① 반장은 NO에 ○표.

　② 재적생 전원 기록.

　③ 주간 중 기록, 주일 오전 제출.

(기록예)

　심방 ☆ 편지 ○

　전화 △ 친구보냄 □

반우회(일시)

(4) (　　월)　보 고 서

교회　　주일　　부　　　　　　　　보 고 자 :　　　　　　(인)

1. 전 체 통 계　　　　　* 모든 계수는 월말 현재로 할것

구 분	반 수	교사수	재적수	출석수	전도수	신 급 별			
계	반	명	명	명	명	세례 명	유세 명	학습 명	원입 명

2. 반 별 통 계

남	학년반	교사명	재적수／출석수	여	학년반	교사명	재적수／출석수

3. 자체 부서별 보고

(기본조직, 교사, 학생회, 면려회, 성가대등 월중 변동사항만 기록할것)

4. 재 정 현 황

구분	주일 헌금	십일조	감사 헌금	생일 헌금	절기 헌금	보조, 기타	수입계	지출계	현잔액
계	원	원	원	원	원	원	월) 누)	월) 누)	원

5. 사 업 보 고

구분 주	전 월 사 업			내 월 계 획		
	일자(요일)	사업명	결 과	일자(요일)	사업명	협조건
1						
2						
3						
4						
5						

교회교육위원회 경유 **당회장** 귀하

(5) 학 생 상 황 조 사 서

교회   학년   반 이름 :

= 성   경 =

1. 지금껏 읽은 성경은 ? ①신, 구약 (   )번 ②신약만 (   )번
③구약만 (   )번 ④성경 중에서 읽은 책은 ?
2. 매일 읽는 성경의 분량은 ? ①(   )장 ②(   )절
3. 성경 소지 실태는 ? ①자신의 신, 구약 전서 ②자신의 신약
③식구들의 것을 빌림
4. 성경 목록을 아는대로 차례로 기록해 보세요.
   (구 약)

   (신 약)

5. 성경은 전부 몇 권인가 ? (구약)   권 (신약)   권
6. 성경은 약 몇년 동안에 기록되었는가 ?
7. 성경의 저자(기록자)는 약 몇명인가 ?
8. 성경은 어떤 책인가 ?

9. 성경은 왜 읽고, 듣고, 공부해야 하는가 ?

10. 성경을 크게 분류해 보세요.

(구약)
　　　① 모세오경(율법서) :
　　　② 역 사 서 :
　　　③ 시 가 서 :
　　　④ 선지서 :　　대 선지서 :
　　　　　　　　　소 선지서 :

(신약)
　　　① 4 복음서(공관복음) :
　　　② 역 사 서 :
　　　③ 서 신 서 :
　　　④ 계 시 록 :

11. 성경 중에 나오는 특별한 부분들은 ?
　　　①사랑장(　　) ②부활장(　　) ③산상보훈장(　　)
　　　④믿음장(　　) ⑤천국장(　　) ⑥십계명장(　　)
　　　⑦제일 긴장(　　) ⑧제일 짧은 장(　　) ⑨제일 짧은
　　　절(　　) ⑩제일 긴 절(　　)
　　　①구약전체 장수(　　) ②신약전체 장수(　　) ③구약
　　　전체 절수(　　)
　　　④신약전체 절수(　　) ⑤신약전체의 중간(　　)

12. 성경의 제일 첫째 구절을 적으세요.

13. 성경의 제일 끝절을 적으세요.

14. 성경 중에서 요절을 몇개나 외우는가 ? (   )개
15. 다음 요절을 적어 보세요.
① 요 1 : 12
② 요 3 : 16
③ 롬 3 : 10
④ 요일 1 : 9
⑤ 고전 15 : 3-4
⑥ 히 13 : 5
⑦ 요일 1 : 7
⑧ 마 28 : 20
⑨ 행 1 : 8
⑩ 시 119 : 105
16. 사도신경을 적으세요.

17. 십계명을 적으세요.

18. 하루 중 성경을 읽는 때는 언제인가 ?
19. 성경 이야기 중에서 제일 자신있게 할 수 있는 내용은 ?

20. 다음성경 용어의 뜻은 ?
① 할렐루야 :
② 아 멘 :

③ 여호와 :
④ 주 :
⑤ 하나님 :
⑥ 거 룩
⑦ 임마누엘 :
⑧ 그리스도 :
⑨ 여호와 이레 :
⑩ 여호와 닛시 :

= 신　　앙 =

 1. 무엇을 믿는가 ?
 2. 누구를 믿는가 ?
 3. "믿는다"는 뜻은 ?
 4. 예수님이 계시는 곳은 ?
 5. 하나님은 어떤 분이라고 믿는가 ?
 6. 하나님은 살아계시는가 ?
　　(무엇을 보아서 ?)
 7. 하늘나라는 어떤 곳인가 ?
 8. 하늘나라에는 누가 가는가 ?
 9. 나는 지금 예수님이 오셔도(세상이 끝이 나도) 하늘나
　　라에 갈 수(있다. 없다. 모르겠다.)
10. 지옥은 있는가 ?
11. 지옥에는 누가 가는가 ?
12. 예수님이 나를 위해 해 주신 일은 무엇인가 ?
13. 하루 중 언제 기도하는가 ?
14. 기도는 왜 하는가 ?

15. 예수님이 나와 함께 계시는 것을 무엇을 보아서 아는가 ?
16. 예수님을 믿는 나의 죄는 어떻게 되었나 ?
17. 예수님을 믿는 나는 누구인가 ?
18. 죄를 지었을 때는 어떻게 하면 되는가 ?
19. 어떻게 하면 예수님이 내 마음에 오시는가 ?
20. 전도는 왜 해야 하는가 ?
21. 전도는 몇번 해 보았는가 ?
22. 전도는 어떻게 하는 것인가 ?
23. 헌금은 어떻게 하는가 ? (O, X)
① 십일조(   ) ② 주일헌금(   ) ③ 생일헌금(   ) ④ 선
교헌금(   ) ⑤ 기타 감사헌금(   )
24. 예배는 어떻게 하는가 ? (O, X)
① 주일 오전(   ) ② 주일 오후(   ) ③ 수요 기도회(   )
④ 가정예배(   )

= 생   활 =

1. 하나님의 자녀는 어떤 말을 해야 하는가 ?
2. 교회에서 고쳐야 될 나의 습관은 ?
3. 교회의 선생님에게 칭찬을 듣는 것과 꾸중을 듣는 것 중
   어떤 것이 더 많은가 ? (꾸중을 듣는다면 무엇 때문에)

4. 가정에서 고쳐야 될 나의 습관은 ?

5. 집에서 부모님에게 칭찬을 듣는 것과 꾸중을 듣는 것 중
   어떤 것이 더 많은가 ? (꾸중을 듣는다면 무엇 때문에)

6. 학교에서 선생님에게 칭찬을 듣는 것과 꾸중을 듣는 것
   중 어떤 것이 더 많은가 ? (꾸중을 듣는다면 무엇 때문에)

7. 친구는 ?

　　① 교회 다니는 친구 이름 :

　　② 교회 안 다니는 친구 이름 :

8. 친구가 나를 싫어한다면 무엇 때문일까 ?

9. 집에서 부모님을 도우는 일은 ?

　　① 아버지에게 :

　　② 어머니에게 :

10. 자신이 스스로 하는 일은 ?

　　① 기상(O, X)　　② 청소(O, X)

　　③ 세수및 목욕(O, X)　　④ 공부(O, X)

　　⑤ 교회가기(O, X)　　⑥ 성경읽기와 기도(O, X)

11. TV 보는 시간은 하루에 (　　)시간 정도

12. 오락실에는 한 주간에 몇번쯤 가는가 ?

13. 만화는 한 주간에 몇권쯤 보는가 ?

14. 나는 생활계획표대로 하는가 ?

15. 좋아하는 것은 ?

　　① 음식(　　　　　　　)

　　② 운동(　　　　　　　)

　　③ 가수(　　　　　　　)

　　④ 노래(　　　　　　　)

　　⑤ 색깔(　　　　　　　)

　　⑥ 꽃(　　　　　　　)

16. 자신의 장래 꿈은 ?

17. 자신이 알고 또 사용하는 욕은 어떤 것인가 ?

18. 성경인물 중 누구를 제일 좋아하는가 ?

19. 친구와 다투면 누가 먼저 화해하는 편인가 ?

20. 나의 어떤 부분을 고쳐달라고 기도하는가 ?

제 6 장

●●●●●●●

행정에 있어서의 관리

1. 관리란?

　관리란, 행정학에 있어서는 행정을 목적에서 분리한 독립된 기술로서 파악하는 경우에 그 기술과정을 지적하는 것이다. 그런고로 관리(Management, Control)란 경영기능의 내부에 있는 보존적인 특수 분야이다.

　관리란, 기술(Technigue = 일을 다루는 솜씨로서 단순 반복 연습으로 얻어질 수 있음) 이라기 보다는 기능(Skill, Art = 지식과 경험의 축적)이며, 수단과 방법을 정하는 간접적 행위이다.

　(1) '～을 하기위한 방법'이며 '～을 하기 위한 방법을 도출하고 활용하는 것'이다.

　(2) 관리는 경영목적을 실현하기 위하여 목적실현어 직접적인 역할을 하는 것이 아니고 경영목적의 실현을 위하여 보조하는 간접적(2차적이라는 뜻은 아님)

역할이다.
(3) 인간과 착상(Idea)을 대상으로 한다.
(4) "협동"체제(System)의 구조및 유지를 위한 역할이
다.

관리란?
(1) 사람을 통하여 무엇을 얻어내는 기술과 과학이며
(2) 목적있는 활동의 기술이며(목적과 수단의 연결기
술)
(3) 사회적 에너지를 일정한 단일기구 안에서 운영 조
정하는 것이다. 즉, 어떤 목표를 지향해 나아가는
(경영에서의 생산) 최선의 방법(통제, 감독, 유의)
이다(Management, Control, Administration).

2. 관리력이란?
(1) 합리적 방법을 마련하는 능력.
(2) 다수 사람을 공동의 목적으로 협동케하는 능력.
(3) 문제나 사건을 조정하는 능력.
(4) 능률적으로 해결하는 능력.
(5) 비용절감(경제적 운영)능력.

3. 관리의 목표
관리의 궁극적 목표는 인력과 물자를 최소한의 소모로 하여
부과된 임무를 가장 능률적이고 효과적으로 완수하는데 있다.
그러므로 관리란 "전폭지배"와는 구별된다.

4. 관리의 필요성
복잡한 관리시대에 사는 인간들을 수용하고 관계하며, 육

성하고, 부과된 사역을 수행하는데 있어서 보다 많은 사람들을 직접적으로 참여시키기 위해서는 인적, 재정적, 사업적 관리 문제가 점점 다양화되지 않을 수 없다. 그러므로 이러한 관리 습득을 집단생활체로서의 지도자에게는 불가결의 요건이 되는 것이다.

E. F. Breach는 "관리란 조직체에 부과된 사업의 활등을 능률적으로 계획하고 의도하는것에 대한 책임으로서 이 책임은 다음 두 가지를 포함한다.

(1) 계획대로 수행하는 것을 확보하기 위한 적절한 절차를 설정하고 이것을 유지하는 것.
(2) 조직체의 사업과 활동을 수행하는 인원을 지도, 통합, 감독하는 것.

이와 같은 관리의 기능은 당연히 복수의 관리자에 의하여 분담할 필요가 생기며 조직 전체를 관리하는 경우에는 전체관리 또는 전반관리가 되는 것이다. 그러나 관리를 직능별로 구분하는 경우에는 여기에 부문관리(Divisional Management)가 생긴다.

관리가(목표를 향한 최선의 방법) 잘못되면 목표달성(목적성취)에 직접적인 영향이 있기 때문이다.

5. 관리의 기본기능

관리는 기술과정으로서 "인간과 물질및 기계, 기구를 사용하여 부여된 업무 또는 정해진 목적을 효율적으로 수행하는 기술과정"이라면, 그 관리의 기본적 기능은 어떤 것인가?

Lawrence A. Appley는 "타인의 노력을 통하여 소정의 목적을 달성하는 수단이 관리이므로 적어도 두 가지 책임 즉 계획(Planning)과 통제(Control)가 관리의 기본적 기능이다”
라고 했고, George R. Terry는 “관리의 기능이란 계획 조직
(Organization) 실천(Actuating)및 통제의 네 기능으로 구분
하고 계획과 조직은 ‘집행 전 기능’이며 실천과 통제를 ‘집
행기능’이다”라고 불렀다. W. H. Newman은 “관리의 기능
이란 계획, 조직, 인사, 행정, 조달, 통제의 기능이라”고 했다.
　미 극동공군(HEAF)의 감독자 훈련 계획에서의 관리기능
이란, ① 계획(Planning) ② 조직(Organizing) ③ 명령(Com-
manding) ④ 조정(Coordinating) ⑤ 통제(Controling)의 5 항
목으로 구분하고 있으며 이는 지금까지 가장 빈틈 없는 관
리기능이라고 인정된다.
　(1) 계획(Planing)
　　할 일을 광범위하게 계정하고 구체적인 방법을 확정
하며 그 업무의 목적을 달성하도록 실행할 방법과 방침을
수립하는 것을 계획이라한다. 이를 간단히 표현한다면
행동을 위한 준비라고 할 수 있다. 따라서 계획은 보다
더 조직적인 준비태세와 정확한 견적하에 보다 더 적극
적인 행동을 보다 신속하고, 정확하고, 용이하게 또는
경제적으로 보다 훌륭한 결과를 얻기 위한 것이라고 할
수 있다. 현대의 행정은 이러한 의미에서 계획행정이다.
계획이란 일종의 기술이며 과정이다(John. D. Millett).
그 단계는 ① 결심. ② 준비. ③ 착수이다.
　　계획의 수립에는 적어도 ① 목표(또는 목적)결정 ②
방침의 선정(실천에 옮기기 위한 각종 방법과 절차 결정)
③ 현재 상태의 조사및 측정이 필요하다. Louis A. Allen은
계획수립의 요소적 단계로서 다음 일곱 항목을 열거하
였다.
　　1) 예측 또는 준비

2) 목표결정

3) 정책또는 방침의 수립

4) 순서또는 Program의 작성

5) 예정 명세표(Schedule과 방법의 결정)

6) 절차 순위의 결정

7) 예산의 결정

(2) 조직(Organizing)

공동목적 또는 정해진 업무를 효과적으로 달성하기 위하여 상·하 관계와 종적 또는 횡적 관계, 지위와 직능 등을 질서적으로 규정하여 하나의 협동체를 이루도록 구체적이고 합리적인 형태를 조립하는 것이 조직이다. 이러한 면에서 본다면 조직은 관리의 제 2 단계이다. Louis A. Allen은 조직의 요소를 세 항목으로 분석했다.

1) 업무의 집단화와 인증(단체에서의 동료로서 동일시 하는 것).

2) 직무의 결정과 책임및 권한의 위양.

3) 종적및 횡적 관계의 확립.

관리에서 조직의 기본원칙은 ① 관리의 목적과 방침을 실현시키기 위하여 명확하고 능률적인 관리조직을 구현 할 것. ② 3/다만 기구를 설정하는데 그치지 않고 이와 동시에 인간의 조직화를 중요시할 것. ③ 권한의 위양을 통하여 책임을 분담케하고 그 직위에 상응하는 권한을 인정하여 인간의 기구를 통일적으로 결합케 하는 것 등 이다.

(3) 명령 또는 지휘(Commanding or Directing)

관리의 기능으로서의 제 3 단계는 명령 또는 지휘이다. 이는 방침을 결정하고 이를 수행하도록 지시하고 명령 하는 것이다. 지휘란 책임자로서의 업무집행을 지도하고 일정한 방향으로 인도하는 봉사적 업무이다. 방침을 결정하고 의사결정을 내린다는 것은 그 하부자로 하여금 그 방침에 복종케 하고 의사결정에 순응케 하는데 의의가 있으며 또한 궁극적 목적을 달성할 수 있게 하는 것이다.

(4) 조정(Coordinating)

이는 행정조직이나 관리조직 일반의 기본원리가 되는 동시에 관리기능에 있어서도 근본적인 요소가 된다. 조직에 있어서의 조정은 공동목적을 수행하는데 필요한 행동의 통일을 재래하도록 집단적 노력을 순서있게 배열하는 것이고, 관리기능으로서의 조정은 직무수행상의 여러 부분과 인간관계를 상호연관시켜서 협력과 조화를 이루도록 인도하는 임무인 것이다.

Allen은 조정의 요소로서 다음 3항목을 열거한다.

1) 균형관계 유지 : 균형이란 상호 간의 평형을 이루는 것으로서 계선과 막료 간의 균형은 적절한 막료기능의 조력적 공급 계선기능의 효율적 발현을 확보하도록 상호관계가 유지되는 상태를 말한다. 이 평형적 상호관계를 유지하지 못하면 집단적 노력은 파탄을 가져오고 만다.

2) 시간 배열 : 각기 다른 스케줄을 참작하여 절차와 활동이 다른 분야에 있어서 상대방의 노력이 증강하도록 결부시키므로써 쌍방이 교체함에 있어 간단없이 시간을 완전 유용 배정하고 상호관계를 촉진시키는 것이다.

3) 통합성의 유지 : 이는 목적업무를 효과적으로 수행하기 위하여 이익관계가 다르고 담당업무가 다른 다양적인 관계를 일체적으로 통합하는 노력이다. 분업화한 다양적 관계를 통합하는 노력은 가장 곤

란한 임무중 하나이다.

(5) 통제(Controlling)

관리의 기본적 기능으로서의 제 3 요소는 통제기며 이것 없이는 관리의 목표를 완전히 달성할 수 없다.

통제란? ① 업무수행에 있어서 일정한 방향제시 ② 다양한 노력이 적절한 조정으로 내부관계에 명확히 유지되도록 지휘감독하며 ③ 관리의 요소가 효과적으로 유용하도록 주요한 기능적 활동을 계속하는 것이다.

Allen은 통제 요소로서 다음의 항목을 열거하였다.

1) 표준의 실행(Performance Standards)

관리자가 설정한 표준에 도달하도록 권위를 발동하여 목표한 업무를 실행하는 것이다. 여기의 표준설정이란 목표와 방침과 예정표, 절차및 예산 등을 고려하여 기준을 정립하는 것을 말한다.

2) 업무의 측량(Measurement)

책무의 표준을 설정하고 그 과정에 있어서 작업량을 측정함으로써 근면과 태만을 판정하는 것이다.

3) 결과의 해명(Interpreting Results)

작업의 결과를 정당하게 수행하고 또한 표준에 도달하고 있는가 평가하며 부분적인 면과 전체적인 면을 규명검토하는 것이다.

4) 교정적 행위(Corrective action)

계획이나 방침에 어긋난 취업 또는 결함 과오등의 유무를 검토하여 그것을 발견하는 경우에는 표준에 합치하도록 교정하고 시정책을 제시하는 모든 행위이다.

6. 관리가 행정에 적용되어야 할 이유

(1) 교육적 활동(Educational Activities)때문이다
    교재의 선택, 교사의 임명, 학생의 분류, 학급및 계
    층의 분류, 직원의 양성 등.
(2) 인간관계의 관리및 행정적 활동(Human Managerial
    or Administrative Activities)때문이다.
    신입생의 보호육성, 과정관계의 보호와 관리, 조직과
    활동, 직원 또는 각종 부서, 위원회의 지도와 감독,
    각종사업의 계획과 통제 등의 활동.
(3) 재정적 활동(Financial Activities)때문이다.
    예산의 편성, 재정사용에 대한 최적 조건의 추구,
    수입증가의 계획과 지출통제계획 등.
(4) 상업적 활동(Commercial Activities)때문이다.
    기구의 구매, 소모품 구입, 시설과 수리의 비용, 보
    유자산의 방매교환 등.
(5) 회계활동(Accounting Activities)때문이다.
    헌금의 정확한 계산, (월별, 종목별, 개인별)통계,
    수지의 균형과 정확한 기장 등.
(6) 안전활동(Security Activities)때문이다.
    재산및 비품의 보관, 보호, 화재 예방행위, 직원의
    활동대책및 보장 등.
(7) 기술적 활동(Technical Activities)때문이다.
    난방, 냉방, 기구(보일러, 선풍기 등)시설, 각종 확
    성시설 등의 조종, 피아노, 각종 교구 등.

이상과 같은 활동은 모두 관리의 묘가 없이는 그 유지와
본래 목적하는 의도에 실효를 거두도록 이끌어 나갈 수가
없다. 여기에 관리 이론이 행정(학)에 적용되어야 하는 충분한
이유가 있다.

7. 관리의 분야
　(1) 행정관리
　(2) 행사관리
　(3) 인사관리
　(4) 교육관리
　(5) 학생관리
　(6) 시설관리
　(7) 협력관리

제 7 장

주일학교의 각종 규칙들

Ⅰ. 주일학교 교칙

제 1 장　　총 칙

제 1 조 명칭 : 본교는 대한예수교장로회 ○○교회 주일학교 (이하 "주교")라 칭하며 주교 산하 각부(교육위원회 내규 제 2 장 3 조)의 명칭은 주교○○부라 칭한다.

제 2 조 위치 : 본교는 대한예수교 장로회 ○○교회 내에 둔다.

제 3 조 설치목적 : 본교회 교육위원회의 교육목적과 동일 하다.

제 4 조 주교지침 : 본 주교의 운영과 성장의 지침이 되는

(교훈과 교가등) 교육지침을 교장이 제정 시행토록 한다.

제 5 조 감독권 : 본 주교의 감독권은 당회에서 정한 교육 위원회에 있으며 이의 최종 결정권은 본 교회의 당회장에게 있다.

제 2 장   조 직

제 6 조 본 주교의 각부 조직은 교육위원회 내규(제 2 장 3 조) 에 명시된 바와 같다.

제 7 조 본 주교의 교직원의 임명 및 그 임무는 다음과 같다.

제 1 항 교장 : 당회장이 이를 역임하며 본 주교를 대표 하여 그 운영을 지도 감독한다.
제 2 항 고문 : 교육위원회와 당회의 추천과 각부의 추 대로 되며(교육위원장이 겸임할 수도 있음)해당부의 행 정 및 운영의 자문에 응한다.
제 3 항 주교 각부 교역자 : 당회가 임명하는 자로 부생 들의 예배, 전도, 교육 및 영적 훈련과 생활지도를 담당 하고 해당교사들의 자질향상을 위한 교육과 그 관리를 담당한다.
제 4 항 주교 각부 부장 : 당회가 임명하는 자로 해당부의 제반행정 및 재정을 담당하며 그 운영을 주관함에 있어서 담당교역자와 긴밀한 협조체제를 유지한다.
제 5 항 주교 각부 부감 : 당회가 임명하며 부장 유고시 그 직무를 대행한다.
제 6 항 주교각부 교사 : 해당부 담당 교역자(부장)의

추천과 교육위원회의 심의를 거쳐 교장이 임명하더 해당반을 담당하여 성경을 가르치고 신앙생활을 지도한다.

제 7 항 주교 각부 처, 과장 : 주교 산하 각 부의 효율적인 행정 운용을 위해 다음과 같은 처, 과장을 두며 그 임명은 해당부 담당 교역자(부장)의 추천으로 교육부회의 심의를 거쳐 교장이 임명하며 그 업무는 다음과 같다.

1. 교무처장 : 교무에 관한 업무 일체를 관장한다.

   (학무과) : 해당부의 예배, 신입, 교육, 학적, 시험, 성적시상, 특별활동, 각종 행사 통계업무 일체를 담당한다.

2. 총무처장 : 사무행정 및 재정에 관한 업무 일체를 관장한다.

   (서무과) : 해당 부서의 공문수발, 인쇄물 일체를 담당한다.

   (회계과) : 해당부의 금전출납 일체를 담당한다.

3. 생활지도 처장 : 해당부의 부생들의 신앙생활 일체를 관장한다.

   (전도과) : 학생들의 신앙앙양과 결석자 심방과 불신자에 대한 전도 업무를 담당한다.

   (지도과) : 해당부의 부생들의 개인 및 단체(그룹지도)활동을 지도한다.

제 8 항 본 주교의 효과적 교육을 위해 교재연구실을 담당 교역자 직속으로 운영한다.

제 9 항 본 주교 교직원의 임기는 1 년을 원칙으로 한다.

제 3 장 자격 및 취임

제 8 조 본 주교의 모든 교직원은 본 교회에 출석하는 세례

교인이어야 하며 교장의 임명으로 취임한다.

제 9 조 주교 각부처 과장 및 교사

제 1 항 각 부처 과장은 전문직으로서 해당업무에 밝은 자라야 한다.
제 2 항 각부 교사는 정교사와 준교사로 구분한다.
(정교사) : 정교사는 본 교회 교육위원회가 주관하는 평신도 아카데미와 주교지도자대학의 소정과정을 이수한 자이다.
(준교사) : 준교사는 정교사 자격을 획득못한 자로서 교육위원회가 인정한 자이다.

제 4 장 휴직 및 퇴임

제 10 조 휴직 : 본 주교 교직원으로서 본 교회에 적은 두되 4주 이상 장기 결석시는 해당부 교역자를 경유하여 교육위원회에 휴직원을 2주 전에 서면 제출해야 한다.

제 11 조 퇴임 : 본 주교 교직원으로서 본 교회에 적은 두되 8주 이상 장기 결석시나 타교회로 전출, 또는 기타 사유로 그 임직을 수행할 수 없을 때는 해당부 교역자를 경유하여 교육위원회에 퇴임서를 2주 전에 제출해야 한다.

제 5 장   상 벌

제 12 조 포상 : 본 주교의 실무자에 대한 포상은 다음과 같다.

제 1 항 출석상 : 본 주교 실무자로서 1년간 개근한 자에게 매년 말에 시상한다.

제 2 항 모범상 : 본 주교 실무자로서 재임 기간중 근무성적이 우수하고 타의 모범이 된 자에게 매년 말이나 혹은 특별행사시에 시상한다.

제 3 항 근속상 : 본 주교 실무자로서 재임기간이 10년 이상이 되며 근무성적이 우수한 자에게 특별행사시 시상한다.

제 4 항 본 주교 포상의 세부사항(인원 및 선별)은 교육위원회의 소관하에 있다.

제 13 조 책벌 : 본 주교의 실무자에 대한 책벌은 다음과 같다.

제 1 항 권고 : 본 주교의 실무자로서 덕을 세우지 못하거나 본 주교의 목적과 지침을 준수치 않거나 혹은 2주 이상 무단 결석할 시는 교육위원장과 교장이 일차 경고한다.

제 2 항 휴직 : 권고의 대상자로서 혹은 실죄했거나 3주 이상 무단 결석할 시는 교육위원회를 거쳐 휴직을 통고한다.

제 3 항 면직 : 휴직 대상자로서 이단 사설을 추종하거나 전하는 자로서 일차 휴직을 하면서도 개전의 정이 없는 자는 교육위원회를 거쳐 면직을 통고한다.

제 4 항 본 주교 책벌의 세부 사항을 (심사 및 실행) 교육위원회의 소관하에 있게 하되 그 신중성에 있어서 성경적 이어야 한다.

제 6 장 직원회의 및 집회

제 14 조 정기회의

제 1 항 주교 각부 정기총회 : 년 1 회로 하되 (   ) 월중 (   ) 째 주일로 정한다.
제 2 항 주교 각부 월례회 : 월 1 회로 하되 매월 마지막 주일로 정한다.

제 15 조 임시회의

제 1 항 주교 각부 임시총회 : 필요시 소집 실시한다.
제 2 항 주교 각부 임시 지원회 : 필요시 소집 실시한다.

제 16 조 특별집회

제 1 항 주교 각부 특별집회는 특별부흥회, 강좌, 전도집회, 기도회, 그룹별모임 등이며 필요시 교육위원회 내규 (제 6 장 10, 11 조)에 의해 실시한다.

제 17 조 회의 및 집회의 주관 : 모든 회의및 집회의 주관은 교장의 지도하에 주교 각부 부장이 (담당 교역자) 주관하며 그 결과는 교육위원회를 경유하여 교장에게 서면 보고되어야 한다.

제 7 장 예배 및 교육관리

제 18 조 본 주교 관리기준 : 본 주교의 예배와 교육 전반에 있어서의 관리기준은 다음과 같다.

제 1 항 교회행정(헌법)에 따른다.
제 2 항 본 교회 교육부 내규 및 교칙에 따른다.
제 3 항 책임소재에 따른다.
제 4 항 주교 각부 운영계획안에 따른다.

제 19 조 학기 부분 : 주교 각부의 학기는 4 학기로 구분한다.

제 1 항 제 1 학기 : 1 월 − 3 월까지
제 2 항 제 2 학기 : 4 월 − 6 월까지
제 3 항 제 3 학기 : 7 월 − 9 월까지
제 4 항 제 4 학기 : 10 월 − 12 월까지

제 20 조 예배와 교육의 구분 및 관리 : 주교 각부의 예배와 교육에 있어서 운영 및 관리는 교장이 관장하며 담당 교역자에게 위임하여 실행한다.

제 1 항 주교 각부의 예배및 교육시간과 장소 구분

각 부	시　간	장　소
유치부	오전 9시 − 10시까지	유치부실
유년부	오전 9시 − 10시까지	유년부실
초등부	오전 9시 − 10시까지	초등부실
중등부	오후 3 : 30 − 4 : 30까지	중등부실
고등부	오후 3 : 30 − 4 : 30까지	고등부실
장년부	오전 10 : 30 − 11시까지	3층 본당
새신자부	오전 12시 − 오후 1시까지	새신자부실
유년부	오후 2시 − 3시까지	유년부실
초등부	오후 2시 − 3시까지	초등부실
대학부	(토)오후 7시 − 8시까지	대학부실

제 2 항 이상에 명시되지 않은 주교 각부(교육위원회 내규 제 2 장 3조)의 예배 및 교육의 시간과 장소는 교육위원회 내규(제 5 장 7 조)에 의거 효율적으로 실시한다.
제 3 항 각 부별 예배 및 집회 모임시 교직원은 최소한 시작 20 분전에 준비회를 가지며 집회 후에는 해당부 재량으로 반성회를 가진다.

제 21 조 교과과정(Curriculum) : 본 주교 각부의 교과과정은 교육위원회에서 결정하고 그 기본 종목과 내용은 다음과 같다.

제 1 항 예배 : 예배순서는 본 총회 헌법 예배 모범에 준하며 해당부의 담당 교역자의 재량에 따라 정하여 교장의 인준을 받는다.
제 2 항 찬송 : 새로운 찬송가 및 어린이 새 찬송가와 기타 구원의 은혜에 감사하는 마음으로 부를 수 있는 복음적이고 신령한 노래를 부르되 반드시 예배용과 특별활동용으로 구분하여야 한다.
제 3 항 성경공부 : 총회에서 발행하는 계단공과를 효과적으로 사용하고 필요한 기타 부교재를 사용할 시는 사전에 교장에 승인을 받아야 한다.
제 4 항 기도 : 주기도, 사도신경, 개인기도, 공중기도, 식기도, 기상및 취침기도 등을 계획성 있게 가르치고 훈련한다.
제 5 항 교리와 신조 및 요리문답 : 단계적으로 계획을 세워 가르친다.
제 6 항 기타 유의할 과목이 있을 시 계획을 세워 교장의 인준을 받아 체계있게 가르친다.

제 22 조 본 주교의 기본 수업일수는 각부 공히 연 52 시간이며 교육위원회의 재량에 의해 조정될 수 있다.

제 23 조 본 주교의 교과과정과 운영사항을 변경할 시는 교육위원회에서 결정하여 교장의 인준을 받아야 한다.

제 8 장   학 칙

제 24 조 입학 및 제적

제 1 항 입학 : 주교 각부의 입학자는 전(前) 부의 과정의 이수 또는 수료했거나 타교에서 전학한 자, 또는 각부의 학령에 해당한 자로 입학자격을 얻는 자로 한다.
제 2 항 제적 : 무단 8 주 이상 결석시 담당 교역자(부장)의 허락을 얻어 제적할 수 있다.

제 25 조 수료및 진급

제 1 항 수료 : 주교 각부에 입학하여 전 과정의 1/2이상 출석자로서 최종 학년 2/3이상 출석하여 교육위원회에서 인정한 자와 해당부 최종학년 혹은 최상한 년령에 해당 자로 한다.
제 2 항 진급 : 주교 각 부별로 학년말에 한다.

제 26 조 수업연한 : 주교 각부의 수업 년한은 해당부의 전 학년과 최상한 연령까지로 한다.

제 27 조 성적및 시상 : 주교 각부의 성적은 해당부의 담당

교역자와 부장의 재량에 맡기며 시상도 그러하되 세부사항은
다음과 같다.

　제 1 항 주교 각부별 시상 대상자는 만점자를 원칙으로
한다.
　제 2 항 주교 각부별 시상 구분은 종합우승(1, 2, 3등),
종목별(1등), 반별(1등), 그룹별(1등)과 전체상을 원칙
으로 하고 교육상 필요시 해당부의 재량에 맡긴다.
　제 3 항 주교 각부별 시상시에는 년도말 시상과 학기별
시상을 원칙으로 하고 교육상 필요시 해당부의 재량에
맡긴다.

제 28 조 수료(졸업)식 및 진급(입학)식 (예배)
본 주교 각부의 수료(졸업)식은 교육위원회 주관으로 년말에
전체적으로 하고 진급(입학)식은 각부별로 년초에 실시한다.

제 29 조 찬양대와 그 활동 : 주교 각부별로 찬양대를 조직
하여 활동할 수 있으며 각부의 교무처 관할하에 있게 한다.

제 9 장　　재 정

제 30 조 본 주교 각부별 재정은 다음과 같다.

　제 1 항 재정확보 : 주교 각부별 운영자금은 해당부 헌
금과 교회의 보조와 특별 찬조금으로 한다.
　제 2 항 예산 및 집행 : 주교 각부별 예산 확정은 해당부
예산안(계획안)에 준하며 그 집행은 해당부 부장이 위임
받는다.

제 3 항 경조비 : 경조비 지출은 해당부의 교직원과 학생 본인 및 직계가족에 한하여 실시한다.

제 4 항 회계감사 및 승인 : 주교 각부별 회계감사는 분기별로 교육위원회가 실시하며 년말 감사 및 승인을 당회에서 담당한다.

제 5 항 회계년도 : 주교 각 부별 회계년도는 본교회 회계년도에 준한다.

제 6 항 기타 특별 재정사항은 교장의 지시에 따른다.

제 10 장   부 칙

제 31 조 본 주교 각부는 본 교칙에 준하여 운영계획안을 마련하여 활동하며 그 운영계획은 교육위원회와 교장의 사전 승인을 요한다.

제 32 조 본 교칙에 명시되지 않은 사항은 주교 각부의 운영계획안에 준하며 총회와 본 교회 및 교육부 규칙과 내규에 준해서 실시된다.

제 33 조 본 교칙을 수립 및 수정하고자 할 시는 교육의원 전원 일치에 의해 당회장의 인준을 받아야 하며 그 효력은 수립일로부터 발생한다.

1990. 1. 1.
대한예수교장로회 ○○교회 주일학교
시안 : 교육위원회(인)
인준 : 당회장(교장)(인)

II. 교육 위원회 내규

제 1 장 총 칙

제 1 조 교육목적 : 본 교육위원회 산하 주일학교 교육의 목적은 본 교회 소속교단 교육부에서 제정한 교육의 목적과 동일하며 본 교회의 당회가 바라는 바의 교육을 성실히 실천하는데 있다.

제 2 조 교육위원회라 함은 : 탁아부, 영아부, 유치부, 유년부, 초등부, 소년부, 중등부, 고등부, 대학부, 교사양성부, 청년부, 장년부, 노년부, 새신자부, 어머니교실, 확장 주간학교 등의 교육기관(부)을 총괄하는 당회장 직속 실무 행정기관을 말한다.

제 2 장 교육위원회의 주일학교 구성

제 3 조 주일학교 구성

1. 탁아부 : 주일 낮 예배시(1, 2부) 출석자와 함께 오는 어린이 (만 4 세 취학 전 어린이)로 구성한다.
2. 영아부 : 만 4 세 이하의 어린이로 구성한다.
3. 유치부 : 만 5 세 이상의 취학 전 어린이로 구성한다.
4. 유년부 : 국민학교 1 년에서 2 년까지의 어린이로 구성한다.
5. 초등부 : 국민학교 3 년에서 4 년까지의 어린이로 구성

한다.

6. 소년부 : 국민학교 5 년에서 6 년까지의 어린이로 구성
한다.

7. 중등부 : 중등과정 학생과 그 연령에 해당하는 자로 구
성한다.

8. 고등부 : 고등과정 학생과 그 연령에 해당하는 자로 구
성한다.

9. 대학부 : 대학과정 학생과 그 연령에 해당하는 자로 구
성한다.

10. 장년부 : 만 40 세에서 59 세까지의 남, 여 교우로 구성
한다.

11. 노년부 : 만 60 세 이상된 남, 여 교우로 구성한다.

12. 새신자부 : 새로 등록하여 학습교인이 될 때까지에 해
당되는 전체 교우로 구성한다.

13. 어머니교실 : 주일학교 교육목적 달성을 위하여 부모들로
구성한다.

14. 확장 주간학교 : 주일학교의 확장을 목적으로 하여 주간
중에 가지는 모임이다.

제 3 장 교육위원회의 조직및 임무

제 4 조 교육위원회의 발전과 효율적인 운영 및 활동을 위해
아래와 같은 조직을 가진다.

1. 교육(지도)목사 : 교육위원회 위원장과의 긴밀한 협조
하에 산하 각부의 주교활동 및 교육을 지도한다.

2. 위원장 : 당회 교육부 위원(부원)이 위원장이 되며 회
무를 통괄한다(혹, 당회장이나 교육목사에게 위임이 될

　수 있다).
3. 차장 : 부장의 보좌하며 부장 유고시 그 직무를 대행
　한다.
4. 총무 : 교육위원회에서 결정된 제반사업을 추진함에
　있어 그 실무를 담당한다.
5. 서기 : 교육위원회에 해당되는 모든 서류처리 및 기록
　업무를 담당한다.
6. 회계 : 교육위원회에 해당하는 모든 재정행정을 실무
　한다.
7. 전문위원 : 본 교육위원회의 교육목적을 성취함에 있어
　교육실무의 전문적 자문을 위해 본 교회 부교역자로
　전문위원 약간 명을 둘 수 있다.

제 5 조 교육위원회의 위원은 당회가 임명하고 그 자격은 본
교회 시무 당회원 및 교육실무자에 한하며 그 임무는 다음과
같다.

1. 산하 주교 각부 지도 및 관리.
2. 교재 및 교육기구 관리.
3. 각종 교육행사 총괄.
4. 산하 주교 각부별 사업계획안 심의와 안건접수 및 의
　결사항을 당회에 상정.

제 4 장　　회 의

제 6 조 교육의 발전과 산하 주교 각부 운영의 효율을 위해
아래와 같은 회의를 가지며 그 성격 및 대상자는 다음과 같다.

1. 교육위원회 : 매월 1회씩 (마지막 주에) 모이며 각 부
   사업계획인준 및 평가를 실시한다(주일학교 산하 각부는
   회의시에 내월사업 및 행사계획서(2부중 1부)를 교육위
   총무에게 접수시켜야 한다.)
2. 교육위원회 임원회 : 필요시 위원장의 소집으로 합법적
   절차에 의해 모이며 긴급사항을 처리한다.
3. 교육연구위원회 : 주일학교 교육의 진취적 방안을 연구
   계획하기 위하여 교육위원장 관장하에 필요시마다 모
   인다. 그 위원은 교육위원회 위원으로하며 필요시 관련
   자를 참가시킬 수 있다.

<h2 style="text-align:center">제 5 장　　예배와 교육</h2>

제 7 조 본 교육위원회가 지향하는 교육목적 달성을 위하여
다음과 같은 원칙을 둔다.

1. 교육시간 : 기본(예배, 교육)프로그램을 위한 시간은
   매주일 및 수요일에 각 부별로 알맞게 배정하여 실시하고
   교육목적과 발전을 위해 수시로 실시한다.
2. 교육장소 : 각 부별 교육의 원활한 활동과 운영을 의해
   본 교회 본당 및 기타 교육시설과 부속실을 최대한 사
   용한다.
3. 교육기재 및 자금 : 교육위원회 소관의 교육기재 및
   재료는 비품록에 의해 보관되며 그 인출 및 활용을(교육
   위원회 위원장 관장하에 두어) 각부 지도자 책임하에
   있게 한다.
4. 본 교육부 산하 각부의 효율적인 행정을 위하여 교육
   위원회는 각부의 기본조직 및 교칙을 수립 인정한다

(별지 보관).

제 6 장   부 칙

제 8 조 교육위원회의 모든 인사문제와 복지문제는 교회의 인사규정에 준한다.

제 9 조 교육위원회의 모든 예산 및 재정지출은 교회의 재정내규에 준한다.

제 10 조 교육위원회 산하 각부의 모든 사업계획 및 추진은 교육위원회를 통하여 당회장의 결재를 요한다.

제 11 조 교육위원회 산하 각부의 교회 밖에서 행하여질 행사는 교육위원회의 승인을 받아야 하며 외래강사를 초빙코져 할 시는 교육위원회를 경유 당회장의 허락을 요한다.

제 12 조 본 교육위원회 내규의 수립및 수정통과는 교육위원 전원일치에 의해 당회장의 인준을 요하며 본 내규는 수립일로부터 그 효력을 발생한다.

1990. 1. 1.
대한예수교장로회 ○○교회 교육위원회
시안 : 교육위원회(인)
인준 : 당 회 장(인)

Ⅲ. 교사 양성부 운영 내규

제 1 장   총 칙

제 1 조 명칭 : 본 부의 명칭은 대한예수교장로회 ○○3/교회
교사양성부라 칭한다.

제 2 조 위치 : 본 부의 위치는 대한예수교장로회 ○○교회
내에 둔다.

제 3 조 설치목적 : 주의 몸된 교회 성업의 백년대계를 우하여
세운 바 된 주일학교 교육을 실행함에 있어서 최일선 실무자인
교사들의 절대적 사명감 고취와 한 영혼을 천하보다 구하게
여겨 몸소 사랑을 나타내 보이는 친근감의 함양과 언제 어
디서든지 교사로서 목자로서 천국의 안내자로서 손색이 없는
자신감 터득과 지속을 위하여 전문적이고 실제적인 기독교
교육의 제 분야를 교육하고 실습하고, 훈련함이 그 목적이다.

제 4 조 운영지침 : 본 부의 세부적 운영지침은 교육위원회가
제정하고 당회장의 재가를 얻어 시행한다.

제 5 조 본 부의 최종 감독권은 교육 실무훈련과 일군 양성의
차원에서 당회(장)에게 있다.

제 2 장   조 직

제 6 조 본 부의 조직및 그 임무는 다음과 같다.

제 1 항 부장 : 교육위원장이 역임하며 그 운영을 주관한다.

제 2 항 총무 : 운영의 제반 실무를 담당한다.

제 3 항 강사 : 본 교회 교역자로서 지정된 제 학과를 교육훈련시킨다. 단 극히 전문적인 분야는 당회장과 교육위원회 허락으로 외부강사를 초빙할 수도 있다.

이상의 조직 임명은 교육위원회 추천결의로 당회장이 한다.

제 3 장   회의 및 보고

제 7 조 본 부의 실효적인 운영과 성과의 점검과 확인을 위하여 매월 교육위원회를 경유 당회장에게 보고한다.

제 4 장   교육관리

제 8 조 관리기준 : 본 교회 교육관리 기준에 따른다.

제 9 조 학제 및 수업기한 :

제 1 항 학제 : 야간으로만 한다.

제 2 항 수업기한 : 매년 봄(4-6월) 3개월 간으로 한다.

제 10 조 교육시간과 장소 :

제 1 항 시간 : 매주 화요일 밤 7 : 30 - 9 : 30 1일 2시간 총 24시간으로 한다.

제 2 항 장소 : 본 교회당 2층 유년부실로 한다.

제 11 조 교과과정 및 학과

제 1 항 교과과정 1 과목을 1 시간으로 한다.
제 2 항 학과 : 어린이 교육의 성경적 근거, 성경적 교육
분야(조기교육, 교회교육, 가정교육), 참 교사상, 어린이
전도, 주교확장, 어린이관리(개인, 심방, 예배반), 성경교
수법(요절, 교안작성실제), 상담법, 헌신교육, 시청각교육,
선교교육, 오후시간 진흥, 동화구연, 음악지도, 조직과
실무행정, 어린이 생활신앙 훈련, 어린이 목회총론(총 17
과목).

제 5 장   학 칙

제 12 조 등록 및 제적

제 1 항 등록 : 본 부에 등록하여 교육받을 자격은 등록
청원서(소정양식)를 제출하여 교육위원회 심사에 통과된
자에 한한다.
제 2 항 의무등록 : 본 교회 주교교사는 누구든지 의무
적으로 교육받아야 한다.
제 3 항 제적 : 수업시간중 단 1시간 결석해도 해당기
수료에서 제적된다.

제 13 조 수료기준 및 자격

제 1 항 수료기준 : 전항(제 12조 3항)에 해당되지 않은
자로서 소정의 과목을 이수하여 정한 시험에 통과(과목당

75점 이상)된 자에 한한다.
제2항 수료자격 : 수료기준에 합한 자로서 교육위원회의 승인에 의한다.

제14조 개강 및 수료식 : 개강은 매년 4월 첫째주 화요일밤 해당 수업시간 전에 하며 수료식은 동년 7월 첫주일 밤 예배시 실시한다.

제15조 시상 및 특전

제1항 시상 : 수료시 수료증과 함께 본 교회 주교 정교사 자격증과 기념품 및 성적우수상, 모범상(노력상)등이 있다.
제2항 특전 : 수료자는 주교교사 임명시 우선순위로 하며 정교사로 임명한다.

제6장　　재정

제16조 재정근거 : 본 부의 운영에 필요한 재정의 근거는 다음과 같다.

제1항 운영비 : 교재인쇄비, 사무비, 수료및 시상비는 교육위원회의 특별교육비로 지원한다.
제2항 교재비 : 교육생은 모든 것을 무료로 하되 기초 교재의 일부는 개인별로 부담하도록 한다.

제17조 기타 특별한 재정이 필요할 시에는 교육위원회의 결의에 따른다.

제 7 장   부 칙

제 18 조 본 부의 효율적 운영을 위한 제반 계획안은 교육
위원회를 거쳐 당회(장)의 사전승인을 요한다.

제 19 조 본 내규에 명시되지 않은 사항은 교육위원회를 거쳐
보충 실시한다.

제 20 조 본 내규의 수립 및 수정은 교육위원회를 거쳐 당회
(장)의 인준으로 할 수 있으며 그 효력은 수립일로부터 발
생한다.

1990. 1. 1.
대한예수교장로회 ○○교회
교육위원회(주일학교) 교사양성부

제 8 장

각 부서에 대한 이해

아래의 간단한 "지침"에서 우리는 단지 각 연령의 "영적인" 특성과 주일 학교에서의 그들의 소속을 볼 수 있다. 분명히 이것은 나라마다 다를 것이지만 필요할 때는 쉽게 채택할 수도 있는 것이다.

발달단계	연령	주일학교부서	"영적"특성
전기유아기	0 — 2	유아부	의즌
후기유아기	2 — 3	영아부	모방
전기아동기	4 — 5	유치부	믿음
중기아동기	6 — 8	유년부	분별
후기아동기	9 — 11	초등부	경버
전기사춘기	12 — 14	중등부	변화
중기사춘기	15 — 17	고등부	헌신

후기사춘기	18-24	청년부	봉사
청 년	25-34	청장년부	협동
장 년	35-64	장년부	부담
노 년	65	노년부	기도

"영적" 특성은 영적인 것과 관련된 것이다. 중생하지 못한 어린이는 영적으로 죽은 것임을 항상 명심해야 한다. 위에 열거한 특성들은 인간적 차원에서 어린이의 성격과 본성의 일부분으로 나타날 수도 있지만 구원과의 연관성이나 영원한 가치는 없는 것이다.

I. 영아부 혹은 유아부(0-3세)

정의 : 간단히 말해서 이 부서는 글자 그대로 교회의 영아들의 명단이란 말이다. "신생아"들을 대상으로 하며 그들이 탁아부의 명부에 옮기워질 때까지 계속되는 역할을 말한다.

1. 영아부를 두는 이유
(1) 부모에게 접근키 위해 : 교회나 하나님에 대하여 별로 생각해 보지 않은 젊은 부부들도 그들에게 맡겨진 새로운 생명의 탄생 후에는 흔히 부드러운 마음을 갖게 된다. 따라서 아기가 태어났다는 사실은 그 집을 방문하여 흥미와 관심을 표현할 수 있는 이유를 제공해 준다.
(2) 도움을 주기 위하여 : 개인적인 방문과 책자, 그리고 교회 도서관의 책들을 통하여 영아부 심방자는 그 가정에 은혜를 끼칠 수 있다.

(3) 어린이 전도를 위하여 : 주일학교에 나오기로 스스로 결정할 만큼 충분히 자랄 때까지 주일학교가 기다린다면 이미 너무 늦을는지도 모른다. 명단에 실린 아기의 이름은 그 아기의 생애에 대한 교회의 관심의 표시이다. 그것은 어린이와의 접촉을 유지하여 가능한 한 빠른 시일 내에 영아부로 인도하기 위함이다.

2. 영아부의 직원

(1) 부장 : 작은 교회의 경우 영아부에 부장 한 사람 외에는 아무도 없을 수도 있다. 학급을 맡아 가르치기에는 너무 수줍어 하는 여인이라도 가정을 방문해서 젊은 엄마들과 개별적으로 대화를 나눌 수는 있을 것이다. 영아부의 부모들의 연령층과 공통점이 많을 것이다. 또 한편 나이든 여인은 가정을 방문할 여가가 더 많을 수도 있으며 또한 새 부모들을 돕기에 더 많은 경험을 했을 것이다.

(2) 서기 : 다른 어떤 부서에서와 마찬가지로 영아부 명단에 아기들의 이름과 주소 및 아기들의 생일을 기록해 두어야 한다. 아기들마다 카드가 일단 마련되면 많은 사실이 방문자와의 개별접촉을 통해 추가될 것이다. 또한 서기는 그들이 영아부로 옮기울 때까지 매년 아기들에게 생일카드를 우편으로 보낸다. 이 부서에 필요한 모든 비품은 서기가 주문하면 된다.

(2) 가정 방문자 : 이 일은 부장이나 혹은 원한다면 심방담당 여성이 둘씩 조를 이루어 방문할 수 있을 것이다. 방문자가 많을수록(적어도 8 명의 아기에 한 사람꼴) 그 만큼 방문할 아기를 찾는 사람들도 많

아질 것이다.

3. 영아부의 직무

(1) 가정방문 : 새로 태어난 아기 혹은 새로운 가족의 이름이 제공되면 방문자들은 그 가정에 가서 친절히 대하는 가운데 영아부에 아기의 이름을 등록하도록 권한다. 책자나 적합한 표식이나 증서를 증정하며 그 방문을 중요하게 한다.

(2) 부모들과 상담 : 방문자가 그 가정의 모든 문제의 해답을 줄 수 없을는지는 모르나 그는 그 가정에 특별히 필요한 것이 있는가를 감지해야 한다. 그가 해답을 줄 수 없는 문제들이 있다면 그는 그 부모들에게 다음의 것을 확신시켜 주어야 한다. 즉, 해답을 찾아 알려 줄 것과, 혹은, 그 문제를 적절한 도움을 줄 만한 교회의 직원에게 문의하겠다고 할 것이다. 그 문제들 중엔 때때로 의학적이거나 정서적 문제도 있을 것이며 목사는 어떤 전문적인 도움을 부모들에게 줄 수 있는지 알게 될 것이다.

(3) 흡족한 영아실 제공 : 갓난아기들을 위한 시설은 교회의 가장 중요한 일 가운데 하나일는지도 모른다. 방이 깨끗한가, 분위기가 쾌적한가, 그리고 직원들이 잘 선정되어 있는가는 아기의 부모들 자신이 결국 교회에 참석여부를 결정하게 되는 요인이 될 수가 있는 것이다.

(4) 어머니 클럽의 계획 : 어머니들 중엔 아기를 교회로 데려오거나 자신이 교회에 참석할 수 없는 이들도 있을 수 있다. 주중에 어머들과 함께 모이는 어떤 모임이 있다면 교회에 나가지 않는 어머니들을 전

도할 수 있는 해결책이 될 수 있을 것이다. 이러한 자연스런 가정모임은 그들의 공통적인 문제에 더한 토론과 그들의 갖가지 필요사항에 관계되는 간단한 성경공부를 할 수 있게 한다.

(5) 등록유망자 찾기 : 도시의 경우, 새로 태어난 아기가 있는 가정과 접촉을 갖는 일은 기저귀 배달 업체나 식료품상을 정기적으로 방문함으로 찾아낼 수 있다. 혹은 이사짐 마차로부터 새로 들어온 아기들의 명단이나, 아니면 신문 신생아란을 이용할 수 있으며 축호전도를 하는 교회라면 그들에게 신생아를 브고토록 하여야 한다.

(6) 아기의 날 제정 : 가정에서의 년중 아기 강조의 날을 제정하여 아기의 중요성과 부모들의 책임을 확대할 일이다. 일년 동안에 새로 태어난 아기들을 므두 특별예배에 참석시키고 목사는 부모들에게 아기의 양육을 책임지워야 한다.

(7) 필요의 발견 : 가정을 방문하는 과정에서 영아부의 직원은 의료의 도움이 부모나 아기에게 필요한 것을 발견하게 되는 수가 있다. 그런 경우 직원은, 그 문제를 교회의 기관에 보고하여 적절한 도움을 받게 할 수 있으며 또한, 목사에게 보고하여 도움을 받을 수 있는 사회기관의 접촉을 주선할 수가 있다. 아쉬울 때 돕는 친구가 참된 친구이다. 그러면 교회에 관심이 없던 부모들도 그들을 돌보는 교회에 관심을 갖게 될 수도 있는 것이다. 때로는 의복이나 양식에 대한 필요가 눈에 띄는 수도 있다. 방문자는 그럴 때 교회의 기관하여 호소하여 그 가정에 필요한 것들을 전달해 주도록 할 수가 있다.

(8) 장년반 스폰서의 확보 : 장년반은 유아용 침대보, 장난감, 보온병 및 그 밖의 필요한 것들을 마련해 주고 매주 아기들의 린넨 천의 제품들을 세탁하는 책임을 맡음으로써 영아부를 후원할 수 있다. 이들 후원자는 또한 부모들이 병원에 가거나 부흥회에 갈 수 있도록 급한 때 아기를 보아 주기도 하며 가족들을 위해 교회가 기증한 헌옷을 관리한다든가 환자가 있는 가정에 어머니를 위하여 세탁일을 맡아주든가 음식을 준비해 주든가 할 수가 있다.

II. 탁아부(0-3세)

"여러분 교회의 악수"는 바로 탁아부이다. 아기의 부모는 자기 아이들을 위한 충분한 설비와 전문화된 관리를 고맙게 여기며 교회에 충실히 참석함으로써 그들의 고마움을 표시한다. 탁아부는 아기들이 갓난아이로서 맨처음 교회에 온 때로부터 세 살 까지의 아기들을 담당한다. 이 짧은 기간에 여러가지 손갈 일들이 많이 생긴다.

갓난 아기들에게는 반드시 유능하고 훈련된 사람이 딸려 있어야 한다. 부모들은 그들의 아이들을 이들에게 맡겨도 안전하리란 것을 알았을 때 신뢰감을 갖게 된다. 가장 이상적인 것은 간호원을 이 탁아부 관리를 위해 고용하는 것이다. 그리하면 우발적인 사고가 예방될 수 있으며, 작은 상처들을 치료할 수도 있고 또 병을 알아낼 수도 있기 때문이다. 이 걸음마 아기들(유아 : 1-2세)은 아직 쉽게 피로를 느끼기 때문에 특별한 배려가 필요하다. 걷고 말하는 아기들(소아 : 2-3세)은 이들 근처에 유아들을 두는 것이 안전치 못하며

또 일정한 성경의 진리들을 충분하므로 방 하나를 따로 제공해
줄 필요가 있다.

1. 위치

이상적인 탁아부의 위치는 1층 출입구에 가깝고, 가급적
부모들이 있는 장년부에서 가까운 곳이어야 한다.

2. 방

방은 통풍이 잘 되어야 하며 밝고 널찍해야 된다. 큰 방이
하나 밖에 없는 곳은 필요한 대로 세 곳으로 나누어 칸막이를
하도록 한다.

3. 인원

연령층	등록자수	부장	보조원수
영아 0-1	13	1	2
유아 1-2	15	1	3
소아 2-3	20	1	4

4. 자료

  (1) 성경 : 여러가지 그림들과 함께 눈을 끌게 하는 성
경책을 부서에 두도록 한다. 그것을 특별한 장소에
놓아두고서 조심스럽고 진지하게 대하라. 성경이야
기 시간에는 그것을 집어들고 종종 인용구절들을
반복해서 읽도록 하라.

  (2) 노래 : 이 나이 또래들에 맞는 노래는 되풀이되며
멜로디가 즐겁고 한 행 아니면 두 행으로 되어 있어야
한다. 그 노래들은 어떤 아이디어를 표현할 수도 있고

휴식과 자세바꿈을 마련해 주기도 하며, 한 활동에서 다른 활동으로 바꾸게 하기도 한다. 때로는 방에다 피아노를 두어 비좁은 인상을 주는 것보다 오히려 전축 등의 기구를 이용하는 것이 현명한 경우도 있다.

(3) 기도 : 기도할 때 한 번에 한 생각만을 강조하도록 한다. 아이들에 대해서 기도하지 말고 아이들을 위해서 기도한다. 간단한 어휘와 함께 되도록 제한된 수의 하나님의 명칭만을 사용한다.

(4) 이야기 : 이 애들 또래에 적당한 동화는 되풀이되는 간단한 말로 되어있는 2, 3분 짜리 동화여야 한다. 이 애들은 규칙적으로 되풀이되는 운율있는 것을 좋아하기 때문이다.

(5) 그림 : 이 연령에 있어서 그림은 윤곽이 뚜렷한 데다가 약간만 세부적이면 된다. 그림은 아이들의 눈높이에서 보여 주도록 한다. 그림 이용은 아이들의 주의를 끌며, 단어들과 생각을 설명해 주고, 이야기와 성경구절을 상기키켜 준다.

5. 무엇을 배울 수 있는가 ?

(1) 하나님에 관하여 : 유아부 아동들은 하나님이 모든 것을 만드셨고 모든 사람을 사랑하시며, 어린이 하나하나를 모두 돌보아주시고 기도를 들어주시며, 아이들 각자에게 무엇이 좋은가를 알고 계시며, 그 하나님이 하늘나라에 계시다는 것을 이해할 수가 있다.

(2) 예수님에 관하여 : 유아들(1-2살)까지도 예수님이 하나님의 아들이며, 하나님이 자기 아들을 이 땅에 보내셨다는 것, 예수님도 전에는 아기였는데 다른

아기들과 똑같이 자라나셨다는 것, 이제는 그가 하나님과 함께 하늘나라에 계신다는 것, 그리고 예수님은 나를 사랑하시고 내 친구라는 것을 이해할 수가 있다.

(3) 성경에 관하여 : 아기들은 성경이 하나님의 책이며, 성경은 하나님과 예수님에 대해 쓰여져 있으며, 성경은 참된 이야기 책이고, 성경은 우리가 어떻게 올바른 일을 할 수 있는가를 말했 준다는 것을 말과 실례를 통하여 배운다.

(4) 교회에 대하여 : 아이들은 교회가 하나님의 집이라는 것을 이해한다. 이들은 교회에서 즐거운 시간을 보내며, 이 곳이 "내"교회이며, 우리는 교회에서 하나님에 관해 배운다는 것을 이해한다.

(5) 가정에 관하여 : 어린이들도 하나님이 가정과 부모와 형제와 자매를 주셨다는 것을 가르칠 수 있고, 그리고 이들은 가정에서 돕는 것을 배울 수 있다.

(6) 인격구성에 관하여 : 이들은 하나님께서는 그들이 친절하고 장난감을 같이 가지고 놀기를 바라시며, 모든 사람을 사랑하고 부모에게 순종하기를 바라신다는 말을 들음으로써 기본적인 선한 행실을 배운다.

(7) 선교에 관하여 : 이 시기는 하나님께서 세상의 모든 어린이를 다 사랑하시는데, 어떤 아이는 하나님을 알지 못하기 때문에 그러한 아이들과 선교사님들을 위해 기도할 수 있다는 것, 그리고 다른 아이들이 하나님에 관해 알 수 있도록 하기 위해 헌금을 드릴 수 있다는 것 등을 알게 하기에 좋은 때이다.

6. 가르치는 방법

평온은 평온을 초래한다. 천천히 그리고 분명하게, 상냥하게 잘 조절된 목소리로 명확하게 발음하여 이야기한다. 그 이야기에 열중해 있는 모습을 나타내 보인다. 유모어를 이해하고 아이들과 함께 소리내어 웃는다. 여러가지 그림들을 보여준다. 이해할 만한 수준의 수업내용을 갖춘다. 자주 되풀이한다.

7. 60분 수업의 제안
15－20분간 : 입실, 헌금, 각종 활동센터 활용과 도구정리.
25－30분간 : 노래, 환영, 생일축하, 기도, 성경이야기와 그림동화.
15분간 : 휴식, 성경이야기의 활용, 공작, 폐회.

처음 15분간은 각종 흥미센터의 보조교사들로 하여금 책센터, 자연물 센터, 가정생활 센터, 장난감 센터(나무토막과 장난감 조각 맞추기, 그림찾기)등으로 인도하여 거기에서 배우게 한다. 아이들의 눈 높이에 게시판과 적합한 그림들을 붙여둔다.

아이들의 활동실은 접는 테이블과 융판 혹은 흑판으로 꾸민다. 탁아부의 프로그램은 아이들에게 교회에 대한 첫 인상을 남겨 줌으로, 사랑과 안전과 즐거운 분위기를 조성해야만 한다. 아이들은 초기 생활경험을 하나님의 집에서 얻게 될 것이다. 이것은 가정에서 보아주는 일에 비할 바 아닌 아이들 생애의 기초를 놓을 수 있는 기회이다. 탁아부는 또한 지루함을 쉽게 타는 나이이기 때문에 팔다리를 뻗을 수 있는 활동들을 제공해 주어야 한다. 게임과 각종 활동센터 외에도 종, 딱따기, 콩을 넣어 소리나게 하는 각종 병과 상자 등 리듬악기들을 사용한다. 여러 순간순간들을, 한 가지 주요 목표를 명심시키도록 노력한다. 이야기와 노래와 게임을 그 목표를 강조하는데 활용할 일이다. 이야기와 놀이에 기억에 남을 성경구절을 삽입함으로써 크리스챤의 행실을 가르쳐야 한다. 하나님의 사랑과 일상생활 문제를 연결시켜라. 이것은 어린이들로 하여금 이해를 가지고 노래하고 헌금하고 기도하고 예배할 수 있게 해 준다.

III. 유치부(4-5세)

1. 이해

이 연령층을 "평균"또는 "정상"이라는 범주 속에 무더기로 집어 넣어서는 안된다.

4-5세된 아이들 중에서 어떤 아이는 신경이 예민해서 쉽게 자극을 받는가하면 어떤 아이들은 조용하고 반응이 느린 편이다. 또 어떤 아이들은 무한한 에너지를 가지고 있는 듯 보이는 반면에 전혀 열의 없는 아이들도 있다. 또한 무한한 끈기를 가진 듯이 보이는 아이도 있는가 하면, 쉽게 지치는 아이도 있다. 지적인 능력과 발달의 영역에 있어서 어린 아이의 어휘와 추리력은 그의 교회 밖의 여러가지 환경, 경험및 학습의 자극에 달려 있다. 어떤 아이들은 자제력과 자기 의향을 나타내 보인다. 그들은 울기를 억제하고 스스로 화장실을 찾는다. 그리고 인내심과 용기와(일반적으로) 친절을 나태내 보이며 지시에 순종한다. 모든 정상적인 유치부 아동들은 자기의 코우트와 모자를 벗고 장난감을 챙겨두고, 시설관리에 협조하며 주일학교에서의 적합한 행동을 잊지 않고 기억해 내도록 가르칠 수 있다.

이 아이들이 한 이야기에 주의력을 집중할 수 있는 시간은 겨우 3-4분이다. 이들은 자기가 택한 놀이에는 8-10분쯤,

그리고 게임에는 그보다 오래 흥미를 느낄 수 있다. 이들은 하나님의 일에 흥미를 가지며 놀라운 이해의 깊이를 보인다.

 (1) 사회적 행동(Social behavior) : 유치부 아동들은 뽐내고, 나타내 보이려고 하거나 다른 아이들의 것을 가지려고 하는 경우가 있다. 따라서 이들은 협동을 배울 필요가 있다.

 (2) 관심의 범위(Range of interests) : 가정과 주일학교, 자연환경에 국한되어 있다.

 (3) 호기심(Curiosity) : 이들은 온갖 질문으로 가득 차 있다. 누가, 무엇을, 왜 ? 이에 대한 교사의 답변은 그들 일생의 믿음이 될 수가 있다.

 (4) 시간(Time) : 이들은 시간에 대한 개념을 가지고 있다.

 (5) 감응성(Suggestibility) : 이들은 사실적 시사에는 빠른 이해를 나타내나 상징적인 표현은 이들에게 아무런 의미가 없다.

 (6) 상상력(Imagination) : 이들은 일반적으로 훌륭한 상상력을 가진 천부적인 모방자들이다.

2. 유치부 학생이 배울 수 있는 것

 (1) 하나님께서는 자기의 사랑의 선물과 보호를 통하여 우리에게 나타내신다.

 (2) 예수님은 우리의 제일 좋은 친구이시다.

 (3) 하나님은 예수님을, 우리의 죄를 대신해서 죽게 하려고 보내셨다. 지금 예수님은 살아계신다.

 (4) 하나님은 우리가 그에게 죄 용서를 구할 때 죄를 용서해 주실 것이다

 (5) 하나님은 모든 만물과 모든 사람을 창조하셨다.

⑹ 하나님은 우리와 항상 같이 계신다.

⑺ 성경은 하나님의 말씀이며, 하나님은 성경을 통하여 우리에게 말씀하신다.

⑻ 기도는 언제, 어디에서나 할 수 있다.

⑼ 예수님은 우리가 올바른 일을 하도록 도우신다.

⑽ 예수님은 하나님의 독생자이시며, 무엇이든 다 하실 수 있다.

⑾ 예수님은 우리가 자기를 사랑하기를 원하신다.

2. 유치부 교사의 자격

(1) 어린이에 대한 사랑.

(2) 동정적인 이해.

(3) 행복하고 어린아이 같은 마음.

(4) 감정을 자제하는 생활.

(5) 편견없이 열려진 마음.

(6) 발견한 상상력.

4. 교사를 위한 프로그램

(1) 공과의 연구 : 각 공과를 그 공과의 주제 뿐만 아니라 단원 전체와 관련하여 검토한다. 그리고 그 과목의 성취해야 할 점이 무엇인지 정하도록 한다.

(2) 교육자료의 목록작성 : 자료검사 목록을 작성하라. 그래서 구하기 힘든 종목들도 필요에 앞서서 구하도록 한다.

(3) 가능한 제활동에 대한 계획 : 갖가지 다양한 활동을 계획하라. 이것은 어린이 개개인의 흥미에 부응하게 될 것이다. 모든 활동이 공과의 목적에 반드시 관련되도록 한다. 단조로움과 함께 지나친 자극은 피

하도록 한다.

(4) 프로그램의 대요 작성 : 프로그램을 안전하게 진행
하기 위해 일관성 있는 프로그램을 만들어야 한다.
자유롭고 형식에 얽매이지 않는 분위기를 유지하라.
질서있게 진행하면서도 도중에 중단되는 경우를 예
상하는 충분한 응변성을 가져야 한다.

(5) 노래의 세심한 선택 : 아이들의 가정상황과 가정에
서의 경험에 관련된 노래를 사용한다. 즉 짧은 문장에
즐거운 노래들을 부르도록 하라. 공과와 관련되는
새 노래를 가르쳐라. 노래부르기는 프로그램의 필
요를 충족시켜주며, 그룹을 사교적으로 활동하게
하며 일체감을 주고 정서적 정보를 보강해 준다.

(6) 필수적인 요소의 포함 : 교제, 학습및 예배는 모두
중요한 것들이다. 활동시간을 이용하여 서로 다정한
인사를 나누게 하며 성경 이야기들을 상기시킨다.
노래와 생일축하, 기도, 헌금, 휴식과 오락및 성경
이야기를 위한 그룹시간을 가진다.

5. 몇 가지 제안과 아이디어

(1) 활동시간 : 다정한 인사를 나누도록 한다. 그리고
모자와 외투 벗는 일을 도와준다. 성경 이야기들과
성경구절을 상기시킨다.

(2) 그룹시간 : 잘 아는 인사 노래를 부르고, 활동시간에
얻은 경험들을 서로 나누게 한다. 그리고 신입생과
방문자들을 소개하고 새 형제나 자매 그리고 생일을
맞은 어린이를 환영한다.

(3) 헌금에 대한 가르침 : 돈으로 살 수 있는 것들을 들어
말함으로써 헌금에 대한 노래를 부르고 헌금에 대해

하나님께 기도를 함으로써 주님에게 헌금드리는 일을 아이들이 배울 수 있도록 가르친다.

(4) 휴식시간의 마련 : 그림산책을 하고 새처럼 날며 리듬에 맞춰 깡충깡충 뛰며 논다. 노래를 부르고 노래에 맞춰 행진한다. 그리고는 한잠 자도록 한다.

(5) 성경 이야기를 다시 반복하라 : 성경 이야기를 아이들 자신의 말로 되풀이시키며 융판에 이야기 그림들을 붙이게 하고 그 이야기에 대하여 그림을 그리게 한다든가 혹은 그림을 보여주고 인쇄된 이야기나 그림판에서 스스로 살펴보게 한다.

6. 학급의 관리

유치부 학급이 제대로 관리되고 훈련되기 위해서는 다음과 같은 몇가지 원칙이 뒤따라야 한다.

(1) 자격을 갖춘 교사진(Qualified teachers) : 교사는 각기 구별된 생활을 통하여 훌륭한 모범을 보여 주는 헌신적인 크리스챤이어야만 한다. 그는 자제력 있는 훌륭한 교사여야 하며, 믿을 수 있고 정확하며 충분하게 준비된 자여야 한다.

(2) 훈련된 교사(Trained teachers) : 교사는 진실하고 따뜻한 마음으로 어린이들의 마음을 사야 한다. 그는 언제나 친절하고 침착해야 한다. 뿐만 아니라 그는 부모들과의 접촉을 통하여 아이들의 배경과 가정환경을 알고 있어야 한다. 특히 자기 부서의 각종 필요와 목표에 관하여 알고 있어야 한다. 그는 교사들간에 단합된 목적을 가져다 주는 직원들의 모임에 착석해야만 한다.

(3) 교사들의 이상적인 비율(Ideal ratio of teachers) :

5~7명의 학생당 1명의 교사가, 10명의 학생에게는 교사 2명이, 학생 11~15명에는 3명의 교사가, 16~20명의 학생에는 5명의 교사가, 21~25명의 학생에는 교사 7명이, 26~30명의 학생에는 교사가 8명이 있어야 한다.

7. 유치부 아동의 훈계
(1) 지도의 패턴을 수립하라.
(2) 의견을 제시하라.
(3) 가정의 협력을 장려하라.

8. 흥미를 집중시킬 활동방법
(1) 수업시간 전에 미리 여러가지 준비활동을 하라.
(2) 갖가지 흥미센터를 마련하라.
(3) 성경공과를 흥미있게 꾸며라.
(4) 특별한 날과 특별한 때를 지키도록 하라.
(5) 게임과 연극을 통하여 성경을 암기하도록 강조하라.

Ⅳ. 유년부(6-8세)

1. 이해
유년부 아동들은 무언가 행동을 함으로써 배우기 시작한다. 이들이 자라고 배우는 속도는 아이들에 따라 다르다. 이들은 배우는데 자기들의 모든 감각능력을 다 사용하며, 또한 모방에 의하여 배운다. 이들에게는 독립심이 필요하나 현명하고 믿음직한 어른의 지도를 따른다. 이들은 자기들이 도움을 받아야 하는 것만큼 돕는 일이 필요하다. 이들은 독립심을 키울 수 있는 기회가 필요한 아이들이다. 지혜로운 감독과 최소한의 간섭은 이들이 다른 아이들과 잘 지낼 수 있게 해 줄 것이다.

유년부의 교사는 통솔력을 잃지 않으면서 또한 참된 친구가 되어야만 한다. 아이들의 능력을 존중하는 한편, 그들이 하고 싶은 것을 제멋대로 다 하도록 내버려 둘 수는 없다. 공과의 목적, 능력, 자료, 장소, 시간 등에 의해 그 제한이 정해지는 것이다. 교사는 때로 분명한 "예"와 "아니오"를 말해주어야 하며, 또한 "너는 이렇게 해야 한다."라고 말하지 않으면 안 된다. 아이들을 위해서나 아이들을 대해서가 아니라 아이들과 함께 어울려야 한다. 배움은 일을 하면서 함께 나눈 경험의 결과로서 이뤄지는 것이다. 아동의 전체가 참여할 수 있는 경험을 계획을 세우도록 하라.

2. 유년부의 학습수준

(1) 성경은 예수님과 예수님을 기쁘게 하기 위한 방법에 대하여 매우 특별한 책이다.

(2) 하나님은 모든 것을 다 만드셨다. 그런데 죄가 하나님의 완전한 창조를 버려 놓았다.

(3) 모든 사람들이 하나님께 순종하지 않았으므로 죄를 없애버릴 구세주가 필요하다. 하나님은 내가 뉘우치고 그에게 간구하면 용서해 주실 것이다.

(4) 예수님은 내 죄에 대한 형벌을 받기 위해 돌아가셨다. 나는 예수님을 내 구주로 영접할 수 있다. 그는 내가 어떻게 하면 바르게 살 수 있는가를 알게 해 주신다.

(5) 하나님은 하늘에 계신 나의 아버지시며, 나를 위해 그의 아들이신 예수님을 세상에 보내실 만큼 나를 사랑하셨다. 하나님은 나와 함께 계시며 나를 도우신다.

(6) 하나님의 아들은 하나도 죄를 짓지 않으셨다. 그는 이 세상에 계신 동안 놀라운 기적들을 행하셨다. 그는 다시 돌아오신다.

(7) 우리는 하나님과 언제라도 이야기할 수 있다. 우리는 그가 주신 모든 선물에 대해 감사해야 하며, 또한 우리에게 필요한 것을 그에게 구해야 한다.

(8) 교회는 우리가 하나님을 가깝게 느낄 수 있는 곳이다. 그렇지만 우리는 어느 곳에서든지 하나님을 예배할 수 있다.

(9) 하나님이 그의 아들을 우리에게 주셨기 때문에 우리는 우리의 시간과 헌금을 그에게 드린다.

(10) 우리 주 예수는 세상의 모든 사람들을 다 구원하기를 원하신다. 그는 내가 다른 사람들에게 예수님께서 그들도 사랑하신다고 말하기를 원하신다. 나는 다른 나라에 사는 어린이들이 예수님을 아는데 도움이 되도록 기도할 수 있으며 헌금할 수 있다.

3. 프로그램
(1) 성경진리의 학습.
(2) 활동을 통한 학습.
(3) 선교에 대한 관심 고조.
(4) 음악의 사용.

4. 공개교실 수업
몇 가지 요인에 의해 유년부 아동들에게는 공개교실 수업이 현명하다는 것이 지적되고 있다.
(1) 아이들은 갑갑하고 비좁은 것을 좋아하지 않기 때문이다.

(2) 아이들이 한 그룹으로서 일하고 생각하며 함게 계획하는 것을 배우기 때문이다.

(3) 교사들은 아이들이 함께 일하며 자유활동시간을 통하여 자신들을 표현하는 것을 보며 아이들에 관해 많은 것을 배울 수 있기 때문이다.

(4) 공개교실은 아이들과 교사들이 세우는 여러가지 계획을 발전시킬 수 있도록 아이들에게 기회를 저공해 주기 때문이다.

(5) 그리고 아이들을 한명 이상의 교사들의 영향 아래에 두게 되는 것이다.

(6) 작고 어두운 교실은 아이들의 영적 생활을 어둡게 할 수도 있는 것이다.

(7) 하나의 큰 교실에서 교재를 모두가 같이 사용할 때, 보다 더 훌륭하고 충분하게 이용할 수 있기 때문이다.

5. 시간표의 제안

활동시간 20～30분, 청소시간 5분, 그룹 공부시간 25～30분, 여기에는 다음과 같은 것들이 포함될 것이다.

(1) 대화를 통하여 체험을 같이 나누기.

(2) 예배경험.

(3) 게임과 활동.

(4) 교제－생일축하 등.

(5) 성경 이야기.

(6) 배운 진리를 생활에 옮기기 위한 계획수립과 실천.

6. 여러가지 학습활동

Ⅴ. 초등부(9-11세)

1. 이해

이때는 기회의 나이이다. 즉 그가 봉사하는 것을 배울 때, 기독교인 아동이 성장할 수 있는-신앙에 근본을 둔-기회와 그를 지도하고 그로 하여금 미래를 준비하게 해 줄 수 있는 기회의 나이이다.

동시에 아직 구원받지 못한 아동이 청소년기의 격랑에 들어가기 전에 그리스도를 믿을 수 있는 기회의 나이이기도 하다.

이 아동기의 "성인기"는 또한 "중가시대"라고 불려지기도 한다. 왜냐하면 그 인격은 이미 어린이가 아닐 뿐 아니라, 아직 청소년도 아니기 때문이다. 하급생들이 그들의 아동기를 먼 과거의 그들의 일부였던 것으로 기억하거나 아주 큰 기대를 가지고 그들이 "십대"가 되었을 미래를 고대하고 있는 것을 종종 듣게 된다.

2. 특성

(1) 신체적으로는 활동적이다.

① 모험을 좋아한다.

넘쳐나는 에너지는 다양한 활동을 하게 하며 모험과 흥분과 육체적으로 격렬한 운동을 무척 좋아한다. 교실외 활동을 사랑한다.

② 건강하다.

비교적 병에 잘 걸리지 않고 훌륭한 신체적 조화를 유지한다.

③ 자율훈련이 필요하다.

아주 바쁘고 매일 새로운 모험들에 참가하고 있

어서 그는 아마도 자신의 신체상태를 소홀히 할 것이다. 그는 자율훈련, 개인적인 위생법, 옷과 다른 그의 소유물 그리고 자신의 방을 돌보는 법을 배워야만 한다.

(2) 정신적으로는 연구(조사)자이다
　① 수집을 좋아한다.
　② 연구자이다.
　③ 이해의 폭이 증가된다.
　④ 독서가이다.
　⑤ 기억의 황금시대이다.

(3) 사회적인 특성은 적응자이다
　① 독립에 대한 준비를 해야한다.
　② 합류자이다.
　③ 우정을 가르친다.

(4) 정서적으로는 표현하고 싶어한다.
　① 방해받지 않아야 한다.
　② 자제하는 법을 배워야만 한다.
　③ 숨겨진 공포가 있다.
　④ 유머가 있게 된다.

(5) 영적으로는 다른 사람들에게 관련되어 있다.
　이들은 "영웅 숭배자"로 알려져 있다. 4그가 하고 싶어하는 것을 하는 사람들을 숭배한다. 그는 그가 어떤 사람인가를 생각함이 없다. 그가 하는 것을 보고 사람을 숭배한다. 그는 보고 읽거나 텔레비젼에서 본 사람들 중에서 그의 영웅을 선택하고 그가 다른 사람들의 생활을 관찰한 대로 그의 생활형태를 정한다.

3. 초등반원에 대한 교육

초등반원은 정신적으로 아주 경계심을 세우고 있고 우리가 교훈과 성경이야기를 그가 유년반이었을때 사용했던 것과 꼭 같은 방법을 사용한다면 그는 지루해 할 것이라는 것을 명심해야 한다. 여기 제안점이 몇개 있다.

(1) 당신이 가르치고 있는 대목을 잘 알아야 한다.

표면적 사실을 넘어서 이름, 장소, 연대 등으로 그 사건의 배경을 알려주고 당신의 생도들에게 새로운 지식을 가르쳐 주라.

(2) 학습자와 그의 특성을 알아야 한다.

그는 사물들을 생각해 낼 수 있다. 그가 스스로 대답을 알아낼 수 있도록 그에게 질문과 문제를 던져 주라. 그에게 참고서적과 성경 그 자체 내에서 이 대답들을 어떻게 찾아내는 가를 보여 주라.

(3) 준비를 철저히 해야한다.

개인적인 연구에 의해서건 그들이 대답을 발견하도록 돕든지간에 항상 그들의 모든 질문에 만족할 만한 대답을 해야한다.

(4) 기억할 요점

① 당신의 초등반원들은 수집을 좋아한다는 것을 명심하라.

그가 그의 과목이나 당신이 가르치고 있는 과목들에 연관있는 항목, 혹은 물건들을 수집하도록 그들에게 상을 주라.

② 초등반원은 경쟁을 좋아한다.

당신은 이러한 특성들을 이용해서, 성경 이야기나 성경 암송구절들을 조명하는 여러형태의 경기나 경연을 열 수 있다. 어떤 아동이라도 그가 탁월하지 못하다 해서 열등감을 느끼지 않도록 모두가 승리할 수 있는 경기와 경연이 되도록 하라.

③ 초등반원의 강한 정의감에는 일반적으로 어려운 사람들에 대한 진정한 연민을 수반한다.

이러한 특성을 이용해서 교사는 그리스도가 없는 세계도처의 사람들의 영적인 갈망을 알려주고 초등반원이 실제적인 선교의 소망을 갖도록 도울 수 있을 것이다.

④ 이 시기는 기회의 나이라는 것을 기억하라.

당신의 초등반원들은 가정이나 교실에서 주님께 봉사하기 위해 사용할 수 있는 많은 재능들을 가지고 있을 것이다.

다감한 인성, 악기를 연주하거나 노래를 하거나 암송할 수 있는 능력, 이런 모든 재능들이 아동이 그리스도 안에서 성장해 갈 때 그 아동이 발전하고 확신감을 얻도록 도우는데 사용될 것이다.

VI. 중등부

1. 중등부 학생들의 일반적인 특징

(1) 변화지향적이다. 고르지 못한 성장과 진보, 그리고 내적변화가 심하다.

(2) 이성에 대한 관심(Interest in opposite sex)이 증대된다.

(3) 품행(Behavior)에 있어서는 심리적 동요기이다 감정의 기복이 심함에 따라 품행도 불안정하며, 오해를 불러 일으키게 된다.

(4) 독립심(Independence)이 강해진다. 실용적인 지식을 추구하며, 사고가 변함에 따라 비판적이며 남보다 앞서려는 욕망이 거세어진다.

(5) 활동(Activities)적이다. 가족연대감이 유실되고, 또래집단을 형성하여 친구의 선택 범위가 남녀에 따라 현격한 차이가 난다.

(6) 주일학교에서의 품행은 다양한 주제에 따른 연구가 될 수 있도록 경험의 습득을 할 수 있는 기회를 주어야 한다.

2. 학생들에게 필요한 것

(1) 구원 : 구세주의 필요를 인식하고 구원의 확신을 가질 것.

(2) 헌신 : 성경의 진리를 실천에 옮기도록 촉구할 것.

(3) 활동 : 크리스챤의 활동을 통하여 축적된 에너지를 소모할 것.

(4) 친구 : 신뢰할 만한 사람, 믿고 마음을 털어 놓을 만한 사람이 필요하며, 또한 때에 맞는 성인들의 지도 필요하다.

3. 가르침의 목표

(1) 학생들을 예수 그리스도의 구원의 지식에 이르도록 인도한다.

(2) 학생 하나하나를 그리스도 안에서 자라고 성숙하게 한다.

(3) 학생들에게 하나님의 말씀이 그들의 개인생활과 어떻게 관련되는가를 보여준다.

(4) 그들의 문제를 돕기 위하여 친구로서 학생 개개인을

이해하여 간다.
(5) 수업시간과 여러가지 과외활동에 학생 개개인을 참
여시킨다.

4. 가르침의 원리

이들은 선악의 구별을 하되 선을 행하고자 하는 의지가
부족하므로 가능하면 빨리 하나님의 뜻을 받아들이고 악을
극복하는 방법을 알도록 해야만 한다. 영적 필요를 충족시
켜주어야 한다. 즉 성장과 증거생활의 실제적인 부분들이다.

5. 조직

자치력을 길러주되 방관하지 말고 세밀한 간섭이 아닌 사
랑의 지도를 위한 조직이어야 한다. 즉 스스로가 선출한 Lea-
der ship을 인정하고 따르며, 협력하는 구조가 필요한 것이다.

VII. 고등부

1. 고등부 학생들의 특징
(1) 신체적으로는 강인하다. 그러나 건강한 습관을 일
깨워 줄 필요가 있다(고전 3 : 16, 6 : 19－20, 10 : 31,
살전 5 : 22).
(2) 정신적으로는 날카롭다. 판단이 성숙해지고 실제적
으로 생활하는 법을 배우며, 논리적 계획과 조직적인
지식을 습득한다.
(3) 사회적으로는 친구를 좋아한다. 동료집단은 해체되
고 혼성의 더욱 작은 소그룹으로 대체되는 경향이
있다.

(4) 정서적으로는 당장 행동으로 옮기는 경험을 고대한
다.

(5) 영적으로는 실제를 추구한다.

2. 이들에게 필요한 것

이들에게는 영적인 필요를 채워주어야 한다.

(1) 헌신과 봉사에 대한 준비를 하게 한다.

이때의 청소년들은 도전에 수용적이므로, 그리스
도를 위해서 도전받을 수 있고 또한 받아야만 한다.
그리스도인 청소년들은 살아있는 신앙의 개인적 양
태와 그리스도와의 관계로 도전받아야 한다. 그는
활동적이고 역동적인 그리스도인이기를 원하고, 활
발한 봉사와 성경학교나 대학에 입학하므로 훈련받
을 수 있다. 활발한 그리스도인 청소년들은 이 또래
그룹에게 커다란 영향력과 축복이 될 수 있다.

(2) 첫번째 관심이 정해져야 한다.

자신과 접촉하고 있는 청소년이 아직 그리스도를
구세주로 영접하지 않았다면, 어떤 그리스도인일찌
라도 그의 최우선의 관심은 전도하는 것이어야 한다.
청소년기의 이 마직막 시기가 지난 후에는 복음을
전하기가 점점 더 어려워질 것이다.

(3) 확신을 든든히 가지게 한다.

이 나이의 많은 그리스도인 젊은이들이 때때로
그들이 정말로 하나님께 속해 있는지 의심한다. 우
리가 가르칠때, 그들이 어떻게 하면 하나님께 속해
있는지를 알 수 있는가에 대하여 상기시켜줄 필요가
있다. 요한일서 5장 12절, 13절 같은 말씀의 확신을
통하여, 성령의 증거를 통하여, 변화된 삶의 증거를

통하여, 교리과목과 마찬가지로 기도에 관한 가르침,
매일의 자백, 빛 속에서 걷고 생활하는 것, 그리스
도인 생활 속에서의 승리, 하나님께 자신의 삶을
헌신하는 것 등도 중요하다(로마서 12 : 1-2)

제 9 장

●●●●●●●

교육위원회

교회는 잃어버린 사람들이 그리스도에게 이르도록(마 28 : 19-20), 그리고 교회의 구성원들이 크리스챤의 생활 속에서 자라고 성숙해지도록 가르쳐야만 한다(엡 4 : 11-13). 개교회가 성장함에 따라 목사는 교회내의 교육 프로그램을 시행하기 위한 도움이 필요하게 된다. 교회 자체 내의 제직회가 교회의 교육적 사역에 충분한 시간을 할애할 수 없기 때문에 교회의 계속적인 성장과 능률을 위해서는 기독교 교육위원회가 필요하다.

1. 기독교 교육위원회의 목적

우리의 교육적 활동을 위해 보다 강력한 조직적 체제를 갖추는 것이 참으로 필요한 것인가 ? "반(反)조직적" 태도는 교회 안의 많은 교육 지도자들의 활을 속박해 왔다. "보다 강한 조직체제는 우리의 영적 생명력을 약화시킬 것이다"라고 논란은 계속된다. 하지만 우리가 일단 이 질문을 정직하게 직면해 본다면 하나의 조직적인 전도가 활력있는 복음전도와 하나님의 말씀을 효과적으로 가르치기 위하여 필요하다는 것을 깨닫게 된다. 기독교 교육위원회의 감독하에 교회의 교육 프로그램을 조직하는 이유로는 다음과 같은 것을 들 수 있다.

(1) 주님의 지상명령을 수행하기 위해서이다.

　　가르침을 되외시하는 회중은 주님의 지상명령을 수행하는 최상의 수단을 억제하는 것이다. 주님의 명령에 순종하기 위하여 우리는 최상의 전달기술과 인적자원과 자료를 활용해야 한다.

(2) 각교회 안에 대의정치의 모범을 실현하기 위해서이다.

　　교회는 하나님의 백성들로 이루어져 있다. 각 교회의 성도는 누구나 자기 교회의 진로에 대하여 발언권과 선거권을 갖는다. 따라서 성도는 자기 교회의 영적인 방향에 대한 의무를 가져야 한다. 가서, 가르치고, 모든 족속을 제자로 삼으로라는 지상명령(마 28 : 18-19)은 모든 성도에게 적용된다. 그러므로 성도는 누구나 기독교교육에 적극적으로 관여하여야 하며 어느 모로나 교회에 책임을 맡아야 한다. 그러나 모든 성도가 교회의 교육프로그램들을 관리하기 위한 집행위원회에 참여할 수는 없는고로 회중은 기독교 교육사업에 관하여 자기네를 대표할 사람들을 선출하지 않으면 안된다. 기독교 교육위원회는 이러한 업무를 실현하기 위해 개설되는 것이다.

(3) 각 교회에서 교육프로그램이 누락되거나 무시되는 일을 막기 위해서이다. 주일학교, 각종클럽, 청소년 기관, 방학 성경학교 등 여러기관 가운데에서 어떤

학생은 여러 기관에 동시에 소속될 수도 있다.

프로그램의 조정이 없이는 이 3기관이 모두 같은 시간에 성경암송대회를 계획할지도 모른다. 마찬가지로 각 기관마다 건전한 기독교인의 상호작용을 그 학생에게 제공해 줄 친교사업을 계획할 수 있는 것이다. 기독교 교육위원회는 학생 개개인이 풍부한 영적 영양을 골고루 섭취할 수 있는 연중행사표를 작성해야 한다.

(4) 각 교회 내의 육성된 지도력을 제공하기 위해서이다.

각 교회의 주요한 사역 중의 하나는 (유일한 사역이라는 말은 아니나) 기독교적 신앙으로 성도들을 가르치고 훈련하는 일이다. 교회의 교사훈련 프로그램은 조직과 관리, 목표와 성과에 대한 부단한 평가, 공과를 위한 여러가지 방법과 자료제공 및 교사들 각자가 주님의 지상명령을 수행하기 위한 자극 등을 필요로 한다.

(5) 기독교교육을 효과적으로 상호연관시키고 조화시키기 위해서이다.

사도 바울은 필수적인 영적, 교육적 자격을 구비한 자만이 그 지도력을 제공할 수 있음을 지적하고 있다 (고전 16 : 1-3). 우리가 각 연령수준에 적합한 영적진리를 정립해 나가기 위해 하나의 조화된 계획을 사용하지 않는 한 오직 소수의 사람만이 성숙한 크리스챤으로 자라게 될 것이며 그 외엔 우연에 일치일 뿐이다. 그리고 나머지 대부분은 그들의 교회가 충실하고 잘 짜여진 프로그램을 제공해 주지 않음으로 무력한 크리스챤으로 마지 못해 따라오게 될 것이다.

(6) 중복되는 봉사활동을 피하기 위함이다.

조정되지 않음으로 인한 중복되는 봉사는 인간의 에너지를 낭비시킨다. 기독교 교육위원회는 교회가 가지고 있어야 할 프로그램의 형태에 관해 상담역이 될 수 있는 기독교육에 있어서 경험과 지식을 갖추고 있는 사람들로 구성된다. 기독교 교육위원장은 이렇게 수립된 프로그램을 실시할 수 있게 만든다. 각 교회에 기독교 교육위원회를 설치하는 이유는 "성공"을 위해서라는 한마디로 요약될 수 있을 것이다. 즉 불신자 전도와 교회의 신자 개개인을 성숙한 크리스챤으로 세우기 위함인 것이다. 교육제도에 어떤 개선이 필요해질 때 역량있는 사람들이 새로운 프로그램을 세울 수 있도록 위원회가 조직된다. 각 교회의 교육적 사역은 결코 중단되지 않는다.

(7) 성서적 원리를 따르기 위함이다.

성서에는 기독교 교육위원회에 관해 직접접인 가르침을 적어 놓지는 않았지만 그러한 위원회의 설립에 적용할 수 있는 원리를 찾아볼 수 있다. 예를 들자면, 사도들도 때에 따라서는 하나님의 직접적인 명령없이 앞으로 나아갔었다. 사도들은 봉사할 7사람을 택하기로 결정했는데, 이 일은 성경의 어느 원칙과도 상충되지 않았기 때문에, 그리고 영적으로나 실제적으로 합당했기 때문에 하나님이 그들의 결정을 귀히 여겼던 것이다. 성령의 은사에 대한 성서의 가르침에 비추어 볼 때 교육프로그램은 온당할 뿐만 아니라 필요불가결한 것이 된다. 다음의 인용구절은 성령의 은사와 기독교육을 연관시켜 준다.

① 조직하고 지도하는 은사

하나님은 각교회를 하나의 성숙한 그리스도의 몸으로 세울 목적으로 어떤 사람들에게 지도자의 은사를 주신다. 이 은사를 받은 사람들은 그들의 교회의 지도자로서 완수하는 모든 임무와 완수 못하는 임무에 대하여 심판을 받게 될 것이다(고전 3 : 1-17, 엡 4 : 1-6).

② 지도하고 가르치는 은사

영적 분야와 재정적 분야는 하나님에게서 은사를 받은 사람들에 의해 이끌어진다. 모든 교회는 이것을 인정하고 있다. 사도 바울에 의하여 가르치는 사역이 강조된 것을 보아서 하나님의 전면적인 프로그램 가운데 분명히 이 가르치는 분야가 무시되어서는 안된다. 종종 성서에는 지도하고 가르치는 능력이 동일하게 간주되었다. 바울은 디모데를 지도자와 교사 양면으로 보고 있다. 오늘날 교회도 이런(은사를 받은)이들을 인정하고 은사를 활용하도록 허용하여야 할 것이다(엡 4 : 11 ; 딤전4 : 10-16).

③ 은사의 목적

기독교 교육위원회의 위원장과 위원회는 하나의 리더쉽 팀을 이룬다. 그러나 이들 은사를 받은 사람들이 그들의 힘을 유효하고 효과적으로 사용할 수 있게 하고 안하고는 교회에 달려 있는 것이다. 그런고로 교회는 모든 성도의 성년화를 목표로 하여 모든 인적자원의 최대한 활용을 보장하기 위하여 조직을 제도화하지 않으면 안될 것이다(엡 4 : 11-12).

2. 교육위원회 설치의 제단계

(1) 조직위원회의 선정

　이 위원회는 기독교 교육위원회 설치의 필요성을 확인할 책임을 갖는다. 조사위원회를 선정하는 일은 제직회나 회중이 할 일이다. 이 위원회는 일시적으로만 봉사하며 최종적인 제안이 제직회에 상정됨과 동시에 해체된다. 이 위원회의 위원은 주로 교회의 교육 프로그램을 향상시키는데 대한 관심도를 기초로 하여 선정된다. 그들은 기존 지도자일 수도 있고 아닐 수도 있다. 그들이 조사할 책임을 부여받은 다음에 그들의 임무에 관하여 일련의 지시사항이 주어져야 한다. 다음에 열거하는 것들은 훌륭한 조사위원회가 밟아야 할 3가지 단계이다.

① 하나의 표준을 세워라.

　교회의 교육 프로그램의 조사에 있어서 조사위원회는 우선 무엇이 좋고 유효한 교육 프로그램인지를 배워야 한다. 어떤 프로그램이 가장 좋은 것인지에 대한 이해가 없다면 사용되고 있는 프로그램의 질을 이해한다는 것은 불가능한 일이다. 조사위원회가 이것을 확인할 수 있는 몇 가지 방법이 있다.

　기독교학교나 성서대학의 기독교 교육학과 교사들과 같은 권위자들을 만난다. 이러한 사람들은 대체로 기꺼이 실제적인 도움을 주게 될 것이다.

　훌륭한 교육프로그램을 갖춘 교회를 방문한다. 교회 지도자들은 대부분 그들의 성공적인 성과에 대한 아이디어를 즐겨 나눈다. 참고서적과 잡지에서 관계기사를 읽는다.

② 현행 프로그램을 검토한다.

　현행 조직을 이해하는 최선의 방법 중 하나는 조

표를 그려 보는 것이다. 이 도표에는 프로그램과 관계된 각 사람들과 기관들, 그리고 그들이 누구에게 책임을 져야 하는가를 명시하여야 한다.

③ 두 프로그램을 비교하라.

이상적인 프로그램과 현재 사용되고 있는 프로그램에 관한 완벽한 연구가 이루어진 다음에야 가치평가의 과정을 시작하여야 한다. 조사위원회는 두 프로그램 사이의 차이점들을 모두 기록해 나아간다. 이렇게 작성된 보고서는 될 수 있는 한 간단하게, 그러나 정확하고 완벽하게 모든 내용을 진술해야만 한다.

(2) 기독교 교육위원회의 책임분야와 권한에 관한 규명.

이것은 특히 공식적인 제직회와 회중과의 관계에 있어서 분명한 한계가 필요하다.

(3) 기독교 교육위원회의 수

위원을 선출하는 절차와 함께 위원 각자의 자격조건이 정해져야 한다.

(4) 회중의 승인을 받는다.

만일 교회의 헌법에 기독교위원회 설치에 관한 조항이 없다면 필요한 대로, 앞에 인용한 에드윅드 헤이즈에 따라서 교육위원회에 관한 조항을 추가하여 교회법을 개정하는 것이 현명할 것이다.

(5) 기독교 교육위원회의 위원 선정.

위원선출에 가장 좋은 시기와 방법은 교회의 연례 공의회에서 지명위원회의 추천을 받아 선정할 수 있으며, 다음의 몇 가지 대안 중에서 선택할 수도 있다. 위원회의 몇 사람은 목사가 임명할 수도 있고, 교회 제직회 기간 중에 선출하거나, 또는 당회가 선발하여 공의회의 인준을 받을 수도 있다. 하지만 이러한 대안들은 회중이 선출한 대의원이 아니라는 약점이 있다. 위원회가 구성된 뒤에는 그 외의 직원들이 일반적으로 위원회 자체에서 선발한다.

3. 위원 임무 및 주의점

(1) 주의점

교회는 교육프로그램의 "필요"에 관한 앞에서의 언급을 대단히 주의깊게 관찰해야만 한다. 만일 조직구조가 현재의 필요를 능가해 버린다면 사람들은 불필요한 직분과 의무 속에 빠져 방향을 잃고 말 것이다. 예를 들면, 작은 교회는 교육적 활동들을 목사의 지도에 일임할 수 있는데, 그것은 단순히 목사가 필요한 전체적인 조망을 가지고 있는 까닭이다. 그러므로 프로그램의 불가피한 확대의 경우에만 증가된 출석수로 인하여 교회사업의 다양화가 요청될 때 기독교 교육위원회를 설치해야 한다. 그들이 만일 여러가지 절차에 매이게 된다면 지도자로서의 첫번째 사명을 완수하지 못할 것이다(청소년 후원자, 주일학교 교장, 기타 등). 물론 큰 교회의 기독교 교육위원회에서는 사무를 담당할 직원들이 필요하다.

* 최종 주의사항

교회는 그 구성원들에게 기독교 교육 프로그램의 구조와 사업에 관해 항상 주지시킬 필요가 있다. 거기에는 세 가지 목적이 있다.

① 직원들이 직접적으로 책임을 느껴야 할 사람이 누구인가를 쉽사리 깨닫게 하기 위함이다.

② 교인들로 하여금 기독교 교육 프로그램에 그들이 참여할 수 있다는 가능성을 알게 하기 위함이다.
③ 새 신자들이 자기들에게 유익한 사업이나 그룹 활동이 있는지를 즉시 분별할 수 있게 하기 위함이다.

(2) 임무

각 교회의 기독교 교육은 교인들이 증가하고 지도자들이 최대한 책임완수를 이룩할 때 버섯처럼 급성장하는 경향이 있다. 훌륭한 기독교 교육의 가능성은 얼마나 원시적인 안목으로 계획하는가에 달려 있다. 훌륭한 기독교교육은 또한 교회가 목사로 하여금 얼마나 기꺼이 그의 제일 기본업무인 말씀을 전하는 일에 전념하도록 이해하느냐에 달려 있다. 작은 교회가 아니라면 목사가 교육프로그램을 적용시켜서는 안된다. 목사가 교육자의 역활을 맡아야 함에는 변함이 없으나 큰 교회에서는 이 분야에 있어서 다른 사람을 통하여 일하게 하고 있다. 어떤 교회의 교인들은 그렇게 습관화된고로 목사를 청빙할 때 그 목사가 교육문제를 포함하여 회중과 관계되는 모든 문제의 수령자요 해결자일 것이라고 믿는 것이다. 물론 그는 교회 회중의 문제들을 떠 맡는다. 그리고 교회의 규모에 따라 설교와 함께 많은 상담을 할 수도 있다. 그러나 그는 주일학교 혹은 청소년 프로그램에 상세한 계획을 세우는데 시간을 다 보내게 되어서는 안되며, 뿐만 아니라 최신 방법들과 자료들을 완전히 파악하고 있을 필요도 없어야 하며 사적인 분쟁의 중재자가 되어서는 안된다. 이런 문제들은 기독교 교육분야 자체 내에서 해결되어야 할 것이다.

＊기독교 교육위원회 임무

① 자료, 인사문제, 프로그램에 관계된 학급과 그룹들이 모일 장소, 횟수 등 교회의 전 교육프로그램에 대한 정책을 세우는 일.

② 모든 교육문헌이 선택과 인준 다음의 커리큘럼을 작성하는데 있어서 따라야 할 몇 가지의 기준이 있다 (이 기준은 주일학교, VBS = 방학 성경학교, 어린이 교회등 프로그램의 전기관에 다 적용된다).

교육과정이 성서가 가르치고 있는 교리에서 어긋나지 않는가? 어떤 출판업자들이 취하는 접근방법은 눈을 끌고 매력적인 제안일 수도 있지만, 성서적 표준이 요구하는 영적인 내용은 결핍될 수도 있다.

교육과정이 요람에서부터 시작하여 가정연장부 (거동 부자유자)에 이르기까지 학생들이 성서교육의 전반적인 프로그램을 습득하도록 서로 연관되어 있는가? 기독교 교육자료들을 간행하고 있는 대부분의 출판사들이 오늘날 이점을 보장하는 교육과정을 제공하고 있다. 이런 형태의 잘 짜여진 프로그램은 지도자들에게 별 고충을 주지 않고 있다.

교육과정은 최근의 것인가? 어떤 출판사들은 급변하는 20세기를 촬영한 화보들을 사용한다. 따라서 그 지면배열은 산만하고 낡은 인상을 주게 마련이다. 이러한 인쇄술로 인하여 기독교가 시대에 뒤떨어진 것이라는 인상을 주지 않도록 유의해야 할 것이다.

교육과정은 복음주의적인가? 어떤 문헌이 그리스도를 구주로서 제시하지 않으면서도 교리적으로는 보수적일 수도 있다. 그러나 교육문헌은 직원들이 불신자를 그리스도에게로 인도하도록 일깨워 줄 복음주의적인데 역점을 두어야 한다.

교육과정이 연령그룹과 과년되어 있는가? 단어 사용과 예화 및 교육적 활동이 학생들의 연령에 적합해야 한다. 급증하는 교육적 필요조건은 교육과정의 지속적인 재평가가 요청되고 있다. 주일학교의 교육과정도 이와 같아야 할 것이다.

교육과정이 생활과 관련되어 있는가? 만일 교육과정이 학생들의 일상생활에 영향을 미치지 못한다면 이 사업전체가 시간낭비일 따름이다. 교육과정의 실제적인 면에 주의를 기울여야 할 것이다.

기독교 교육위원회는 교재의 새로운 경향에 대해 민감해야 하며 사용되고 있는 교재의 효율성을 간단없이 재검토하는 자세가 필요하다. 만일 교사들이 교육과정의 자료에 관해 이구동성으로 불평을 말하는 것 같으면 위원회는 사용되고 있는 문헌을 재평가해야만 한다. 위원회는 교과과정 간사를 임명하여 모든 교육자료들을 주문하고, 그 자료들을 사용할 날짜 이전에 나누어 주게 하며, 또한 대리, 신임교사와 신입생들을 위하여 계단공과철과 학생용 서적들을 마련하는 일만을 전담케 하여야 한다.

③ 각종 프로그램의 교수방법을 조정하며 그 프로그램의 목적과 목표를 설정 하는 일. 계획된 모든 사업에는 목표를 지정해 줌으로 사용되는 모든 재료들이 그 목표달성에 기여하도록 한다. 다음은 각 기관들이 세울 수 있는 몇가지 목표들이다.

주일학교······························복음전도, 보육
어린이 교회··············예배, 지도력, 훈련, 보육
V.B.S···································복음전도, 보육

주간 클럽활동…복음전도, 성도의 전체적인 성장
청년회………교제, 복음전도, 지도력훈련, 보육
가정부서……………………………………보육, 교제
각종 사업의 목표가 설정되면 교육위원회는 지도
자들이 사용할 방법을 정해야만 한다. 그 목적은
리더들을 한 구석에 몰아 붙이려는 것이 아니고,
그들을 어떤 자료와 방법에다 묶어 놓으려는 것도
아니다. 오히려 본래의 이러한 계획수립의 목적이
되는 학생들이 다양한 방법과 자료들을 통하여 효
과적으로 전도되고 교리의 원칙과 그리스도인의 성
숙에 이르게 될 것을 보장하기 위함이다. 만일 청
소년회나 여성클럽, 그리고 다른 모든 사업이 방법과
목표에 있어서 단지 주일학교의 하나의 사본( )일
뿐이라면 어떻게 되겠는가? 주일학교에서 사용되고
있는 형식이나 자료들을 개선해 보려는 아무런 노
력도 하지 않는데 어린이들이 어린이 교회에 와서
즐겁고 유익한 시간을 기대한다면 어떻게 되겠는
가? 이러한 환경 가운데서 어린이 혹은 청소년들이
교회 안에 남고, 더구나 그들이 성숙한 크리스챤으로
자라리라고 교회가 기대한다는 것은 매우 어려운
일이다. 하지만 방법과 자료에 변화를 줌으로써 청
소년과 장년 모두를 교회가 붙잡을 수 있는 희망은
없다.
④ 지도자와 교사진을 선정하고 훈련하며 인준하는
일. 지도자를 선정하는 기준은 유형과 무형의 둘로
나눌 수 있다. 우선 교회 안에서 가르칠 자격을 줄
수 있는 여러 등급과 형태의 기독교교육자 양성기
관이 있다. 이러한 교사양성은 대학 혹은 신학교의

기독교교육학 학위에서부터 복음주의 교사 양성협회의 교재를 사용하는 강습회 또는 통신강좌에 이르는 비교적 폭넓은 수학을 통해 이루어진다.

교사의 직무를 위한 훈련을 기꺼이 받으려 하지 않는 사람들은 필경은 교사진에 참여하는 것이 제지되어야 한다. 무능한 교사임이 입증된 사람들 뿐만 아니라 훈련받지 않은 지원자들은 서서히 교회 안의 다른 직무를 맡게 하여야 한다(그들의 입장을 고려하지 않은 인사조치는 많은 해를 끼칠 수 있다). 교사선정에 있어서 교사진에 참여를 희망하는 사람들을 위해 언제나 수용태세를 가져야 한다. 그 희망이 곧 하나님께서 이 사람에게 기회를 주시는 표시인지도 모르기 때문이다. 이런 사람들의 경우 충분한 자격이 있거나 많은 경험이 없는 한(다른 교회에서) 제한된 범위 내에서 학급이나 그룹을 돕게 한다. 그의 조력자로서의 책임이행은 장래의 크리스챤으로서의 그의 봉사를 결정짓는데 있어서 교육위원회에 참고가 될 것이다. 어떤 교회에서는 기독교 교육위원회에서 배포한 설문지를 통하여 매년 한번씩 재원을 발굴하고 있다. 교육위원회는 지도자 양성을 위해 전적으로 외부의 조력에 의존해서는 안되며 위원회 자체적으로 지도자 양성을 위한 지속적인 강습과 사업계획을 수립해야만 한다. 이 분야에 도움을 얻기 위하여 교육위원회는 기독교 학교의 기독교 교육학과나 신학대학, 혹은 큰 교회들과 연결을 맺어야 한다. 교육위원회는 신임교사 전원에게 그들에게 맡겨진 직무에 대한 충분한 설명서를 배부하도록 한다. 이와 같은 직무설명서는 기독교교육의 책임자로부터 교사의 조력자와 서무에 이르는 모든 사람들을 위해 마련되어야 한다.

⑤ 미래의 기독교교육을 평가하고 계획하는 일. 성장하는 교회가 만일 어린이교회, 교실 및 자격 있는 교사 확보보다 많은 청년 지도자들, 가정 전도부를 위한 인적 자원확보(심방자), 교사들) 및 하기 캠프 등 앞으로 있을 필요에 대한 계획을 세우지 않는다면 더 이상은 성장하지 못할 것이다. 몇 가지 강조가 어떤 영역에서 성장을 기대할 수 있다는 것을 암시할 것이다. 예를 들면, 어떤 교회에 많은 국민학교 학생들이 등록한다고 하면 교육위원회는 자연히 이 어린이들을 수용하고 이들의 가족을 돕는데 관심을 갖게 된다. 따라서 교육위원회는 이 어린이들이 각종 기관에 가입할 자격에 이를 때와 공간뿐 아니라 이러한 사업에 지도자가 필요하게 될 때를 대비하여 미리 계획을 세우기 시작하는 것이다. 개정은 교육위원회는 주일학교 중등부의 보충교사 증원과 새로운 장비구입이 예산에 반영되도록 충분한 시간여유를 두고 계획을 수립해야 할 것이다. 기독교 교육계획의 또한 일반적으로 한 지역사회에 변화가 생기거나 인구의 증가 또는 감소, 혹은 그 인구자체의 성격변화의 경우에도 필요하게 된다.

⑥ 모든 교육적 옥외활동과 사업을 계획하는 일. 공립학교와 마찬가지로 교회학교도 제한된 건물 내부에서의 경험보다 가능한 한 더 폭넓은 경험을 학생들에게 주고자 한다. 교육적인 옥외활동의 가능성은 대체로 시골보다는 대도시 가까이에 위치한 교회에 더 크다. 도시에는 박물관, 성경학교와 신학대학,

빈민가의 전도센타, 기독교기관의 총회본부, 한 주에 한정되는 청소년 확장운동 등에 있어 보다 영적 지적인 기회들을 제공해 주고 있다. 하지만 어느 곳의 교회이든 근방에 고아원이나 양로원과 같은 사회적, 영적인 필요를 찾아갈 수 있을 것이다.

⑦ 교회 승인을 받기 위한 예산편성과 제출. 기독교 교육에 있어서 예산은 중요하다. 왜냐하면 예산은 다음해 동안의 교회성장의 범위를 가름하는 실질적인 견적서이기 때문이다. 예산을 세우지 않은 교회는 대개 다음과 같은 결과들을 당하게 된다.

a. 다음 회를 위한 목표가 뚜렷한 확장계획이 이룩되지 않는다.

b. 교회재정이 현실적으로 교회 전체에 해당하는 필요성을 떠나 긴급한 필요에 따라 쓰여진다(기계 전체에 충실한 유지보다는 삐걱거리는 바퀴에 더 많은 기름이 든다).

c. 교육의 중요영역이 무시된다. 대개 교회 도서관에 드는 돈은, "책을 사는 일은 그다지 다급한 일이 아니다. 책은 다음에 살 수 있다"는 핑계로 뒤로 미루어 진다. 그런데 돈을 사용하는 능력과 권한은 기독교 교육 프로그램을 효과적으로 조정하고 관리하는 하나의 도구이기 때문에 기독교 교육위원회는 반드시 예산을 세워야만 한다. 예산에 포함될 수 있는 항목은 다음과 같다.

　― 커리큘럼(전 프로그램용)

　― 도서관 ― 시청각 교재

　　　　　　시청각 교육시설

　　　　　　책과 간행물

기타 도서관비

－ 새로운 설비(모든 사업에 사용됨. 이 항목은 예산의 큰 비중을 차지할 것이다).

⑧ 기독교 교육목사를 임명하는 일. 이에 대한 방법은 다음 장에서 논의하기로 한다.

4. 교육위원회 위원 자격

(1) 적극적인 자격.

우선 바람직한 개성적 자격은 아마도 성장의 여지일 것이다. 즉 끊임없이 직무와 계획과 기독교 교육의 교육적 자료들을 자발적으로 연구하려는 자세가 되어 있느냐는 것이다. 두번째 자격은 일에 대한 깊은 관심과 맡겨진 책임에 대해 자진하여 시간을 할애하고 있는가이다. 세번째 자격은 기독교 교육 분야에서의 실질적인 경험이다. 네번째는 다른 사람들과 함께 일할 수 있는 자질이며, 다섯번째 자격은 올바른 판단과 지적인 능력이 있느냐는 것이다. 이러한 개성적인 자격조건과 더불어 하나님의 영광을 위하여 쓰일 수 있는 직업적인 특징을 감안할 수 있다. 경영인들은 권위를 존중하는고로 인사문제에 있어서 보다 객관적인 경향이 있다. 법률가들은 헛점을 찾으며 말썽을 피우는데 판단력을 구사한다. 의사들은 훌륭한 의원이 될 수 있지만 수술실에서와 같이 권위를 행사할 우려가 있다. 끝으로 교직자와 성직자들은 대체로 문제에 대한 사회적, 도덕적 관점에 민감하다.

(2) 피해야 할 부정적인 행위와 자세

교회는 실질적인 업무 완수보다 이론에 더 관심

있는 학식 있는 교회 신자들을 위원회의 스탭으로 선임하지 않도록 주의해야 한다. 교육위원회의 위원은 반드시 영적으로 가장 성별되고 또 가장 실질적인 의미에서 실천주의자이어야 한다. 위원회의 회원은 또한 도락에 빠지는 일이나 편애를 피해야 한다. 앞에서 언급한 바와 같이 교회가 기독교 교육위원회를 설치하여야 한다(모든 기독교 교육관계자들만으로 구성된 회의가 아니다. 그래야 위원회의 결정이 어떤 특정 분야만이 아니라 프로그램 전체가 유익하게 될 것이다. 위원회의 회원은 결정결과에 있어서 객관성과 함께 영적이어야 한다. 셋째, 위원회의 회원은 모든 사람들이 자신의 최대의 역량을 기여하게 하려면 권위의 계통을 무시하지 않게 해야 한다. 자기 학급의 위치에 대해 불만인 주일학교 교사가 기독교 교육위원회의 위원장에게 호소해서는 안된다. 그 교사는 전적으로 자기 부서의 부장 밑에서 활동해야 하며, 자기의 모든 문제를 그에게 가져가야 한다. 만일 그가 만족할 만한 조정을 할 수 없다면 그 문제는 주일학교 전체에 관련되는 문제일지도 모른다. 그러한 경우, 그 부서의 부장은 그 문제를 교장에게 보고해야 한다. 그러면 그는 그 문제를 교육위원회에 위임하여 해결하도록 한다.

5. 위원장의 임무

우선 그의 임무를 밝히기 전에 우리는 그와 목사와의 관계를 확정해야만 한다. 그는 목사에 의해 고용되어 그에게서 지시를 받는다. 목사가 교회의 교육 프로그램에 대해 결과적으로 책임을 지게 되지만, 이 임무를 기독교 교육장에게 위임하는 것이다. 비록 그가 모든 업무 영역에서 기꺼이 도우려고 할지라도 하나의 부목사로서 고용된 것은 아니다. 그는 대체로 설교하지 않고 목사의 자격으로 병원이나 가정방문은 하지 않지만 기꺼이 그렇게 하려는 자세는 가져야 할 것이다. 그의 시간은 교회의 기독교 교육 프로그램을 지도하는데 집중해야만 한다.

기독교 교육장의 주요 업무는 다음 7가지로 들 수 있다.

(1) 목사가 제직회를 지도하는 것과 거의 같은 방식으로 기독교 교육위원회에 조언하고 지도한다. 기독교 교육장은 그의 위원회가 문제점들에 과감하게 부딪히도록 도우며 그 해결방법을 제시하는데에 그의 능력을 제공한다. 그로 인하여 그는 기독교 교육의 정책수립에 조력하게 되는 것이다.

(2) 청소년 프로그램과 주간 클럽활동들을 조정한다. 이 분야에서의 그의 업무를 보면,
　① 임원과 후원자들의 모임계획.
　② 후원자 모집.
　③ 현직 교사의 훈련준비.
　④ 대표단 조직.
　⑤ 수양회 계획.
　⑥ 홍보와 기록보존에 대한 계획
　⑦ 청년회원들과 회원대상자 방문

(3) 어린이 교회, 하기 수양회, 노년 그룹이나 탁아소 사업을 위한 후원자나 지도자들을 추적한다. 그 임명은 기독교 교육위원회가 하지만 교육장은 그러한 직위에 적격자들을 추천한다. 그는 또한 상기한 그룹들을 위해 프로그램을 조정한다.

(4) 주일학교 방향을 제시한다.

① 부장회위를 주제하고 지도한다.
② 교사를 모집하고 훈련하는 일을 거든다(5항 참
조).
③ 심방, 경연대회 및 홍보활동의 확대를 지도한다.
④ 시청각교재의 선정을 지도한다.
⑤ 잘 정리된 기록보존과 체계적인 복습을 장려한다.
⑥ 끊임없이 커리큘럼의 자료들을 재평가한다.
⑦ 주일학교 부장을 위해 후보자들을 추천한다.
(5) 리이더들을 훈련할 책임이 있다. 이 임무는 다음 3
가지 면을 포함하게 된다.
① 직원의 위치와 선정 : 기독교 교육장은 빈 자리를
채울만한 가망 있는 지도자와 교사들의 명부를 작
성해야 한다. 직원들을 찾아내는 가장 견실하고도
성공적인 방법은 해마다 질문지를 돌리는 일이다.
② 훈련 : 기독교 교육장은 신임 직원들을 훈련할
수 있어야 하며 현직 직원들이 먼저 훈련을 받아야
하고 다음에는 교사 임명 대상자 차례이다. 훈련
진행과정은 대개 기독교 교육장의 책임이다. 그는
직접 지도자 훈련반을 감독 지휘하고 다른 형태의
지도도 도와야 한다. 훈련의 3가지 주요영역은 다
음과 같다.
　　a. 지도자 훈련반 : 이 학급은 9-12주간으로
하며 수료자에게는 시험과 수료증을 교부한다.
　　b. 정기 교사회의 : 각종 교사 및 지도자 회의
마다 지도자 훈련을 위한 시간을 할애하여야
한다. 방법과 기술은 대체로 이 시간을 통하여
습득한다.
　　c. 개인지도 : 몇 분간의 개인적인 지도는 지

도자 훈련의 중요한 면으로서 결코 무시되어서는 안된다.

③ 영적 성숙을 장려한다 : 때때로 교사들은 학생들에게서 영적 성숙을 증진시키려 애쓰는 사이 자신은 이것을 잊어버리는 수가 있다. 아무도 육신의 소욕에서 벗어나는 사람이 없기 때문에 누구든지 언제나 스스로의 죄를 경계해야 하며 학생들을 도우려 하기 전에 먼저 죄스러운 스스로를 발견하고 하나님의 긍휼을 구해야 한다. 그런고로 기독교 교육장은 자기 직원의 영적상태에 대한 책임을 갖는다. 그는 직원들을 위해 기도하며 상대해 주어야 한다.

(6) 그는 교회에 기독교 교육의 전반적인 프로그램에 대한 비젼을 제시한다. 그에게 교회의 교육적 비젼에 대한 책임이 있다. 그리고 성장을 조절하고 모든 사람의 궁극적인 목표를 겨냥하게 해야 한다.

(7) 하나님의 말씀을 가르친다. 기독교 교육장은 소망과 능력, 그리고 교회의 여러기관에서 가르칠 기회를 가져야 한다. 그는 교회의 어느 누구보다도 많은 교육적 훈련을 쌓았으므로 그런 그의 영적인 은사들을 사용할 기회가 주어져야 하는 것이다. 그는 주일학교와 교사 강습회에서 그리고 청소년 학급에서 가르치도록 한다. 기독교 교육장은 종종 양극단 사이에서 머뭇거리는 수가 있다. 즉 너무나 많이 가르치는 임무를 떠 맡고 있어서 조직과 행정에 적절히 유의하지 않는다거나, 아니면 자기 사무실에 들어앉아서 가르치는 은사들은 전혀 사용치 않고 단지 조직에만 몰두하는 경우이다. 기독교 교육장들 사이의 하나의 문제점은 도중 탈락자의 수가 높다는

것이다. 그리스도를 섬기는 열심으로부터 시작한 사람들은 각종 챠트나 카드, 위원회 등과 더불어 일하는 역할에 환멸을 느끼는 것이다. 기독교 교육장으로서의 역할에 대한 그릇된 관념들이 그들을 직접적인 영적 사역에서 절연시키는 것이다. 혹 보다 많은 학급을 가르치고 자기들의 영적 은사를 보다 많이 활용한다면 그들은 자기의 사역에 보다 큰 보람을 느끼게 될 것이다. 하나님의 사람에게 가장 큰 만족을 주는 것은 영혼들을 그리스도에게로 인도하는 감격을 맛보는 일이며, 또한 하나님의 말씀을 가르침으로 말미암아 크리스챤들이 성장하는 모습을 보는 일이다. 이러한 만족이야말로 이 전문적인 사역에서 보다 많은 사람들이 머물러 있게 하는 원인이 될 것이다.

6. 주일학교의 교장과 부장 및 교사들

(1) 자격

주일학교의 교장의 부장 및 교사들은 다음과 같은 자질들을 갖추어야 한다.

① 하나님께 헌신하여야 한다. 이들은 또한 도덕적으로 흠없는 평판을 들어야 한다.

② 진보적이어야 한다. 이들은 새로운 방법론에 기민해야 한다. 하지만 그것을 새로운 것이라는 이유 때문에 너무나 쉽사리 받아들여서는 안된다.

③ 진취적이여야 한다. 이들은 결코 과거에 만족지 않는 활동적인 사람이 되어야 하며, 새롭고 거대한 성과를 정열적으로 생산해 내야 한다.

④ 열정적이어야 한다. 정열적인 크리스챤은 다른

부의 모든 봉사자들에게 영향을 줄 수 있다. 열정은 전염적인 것이다

⑤ 사람들에게 헌신적이어야 한다. 그들은 사람들에게 활기있는 관심을 유지하고 있어야 한다.

(2) 교장의 역할(The Role of the General Superintendent)

교회의 신자들의 성장과 훈련에 있어서 주일학교의 절대적인 역할 때문에 주일학교의 교장은 흔히 담임목사 다음으로 중요하게 여겨진다. 사실 어떤 교회에서는 목사가 주일학교의 교장의 지위를 맡아서 주일학교의 프로그램과 직원을 총괄하기도 한다. 목사는 모든 양떼를 인도하고 먹이고 보호할 책임이 있기 때문에(행 20 : 28) 그는 교회 회중에 대해 전체적인 행정적 감독권을 갖게 되며 거기에 주일학교도 포함된다. 그런고로 주일학교 교장은 주일학교 생활에 있어서의 행정과 조직에 대한 목회의무의 연장이라고 할 수 있다.

교장은 주일학교의 영적 지도자이며, 헌신과 충성과 열심에 있어서의 전철자(pacesetter)이다.

한편 그의 자격조건은 일반적으로 어떤 지도자들이라도 갖추어야 할 것들이긴 하지만(제 24장 참조) 주일학교에 독특한 몇 가지 요인들이 있다.

① 그의 소명(His calling) : 그는 자기의 과업이 바로 그 분야를 위한 소명임을 확실히 해야 한다.

② 경험(Experience) : 그는 교사나 혹은 직원이 되어봄으로써 주일학교의 일을 알고 있어야만 한다.

③ 대인관계(Public relations) : 그는 각 부장들과 한 팀으로서 일할 수 있어야 한다.

④ 성격(Character) : 교장은 교회의 업무에 있어서 그가 차지하는 지위와 신분을 감안할 때 나무랄 데 없는 성격의 소유자여야 한다. 그는 바로 주일학교를 대표하기 때문이다.

(3) 각부 부장(Department Superintendents)

큰 교회의 주일학교인 경우, 각부 부장은 그를 통하여 교사들을 통솔할 교장의 책임하에 있게 된다. 적은 교회의 경우는 교사 각자가 교장의 책임하에 있게 된다.

부장의 임무로는 다음과 같은 것들이 있다.

① 촉진계획(Promotion) : 부장은 주일학교의 활동과 성과를 교회와 그 지역 사회에 알리려는 노력에 있어서 열심이 뚜렷이 나타나야 한다. 그는 심방 프로그램과 종교적 실태조사를 통하여 성장할 수 있는 기회들을 포착할 것이다. 그는 그러한 활동에 직접 참여함으로써 불신자에 대한 관심의 본보기를 보여 줄 것이다.

② 지휘감독(Superintend) : 그의 직함은 곧 그가 주일학교의 교사들과 직원들이 하는 일을 두루 살피고 지시하는 사람임을 뜻한다. 이들과의 협의하에 그는 프로그램과 정책들을 평가하며 끊임없이 그 개선점을 모색한다. 그는 이들 중 결근자들을 신중히 기록하여 관심이 더해질 수 있도록 한다. 그러나 그 기록이 계속 결근하는 것으로 나타나는 경우에는 사유를 확인하여 필요한 교체를 하도록 노력한다.

③ 훈련(Training) : 최대한의 성과를 거두기 위한 최선의 가르침을 보증하기 위해 부장은 예비교사들에 대한 훈련 뿐만 아니라, 현직교사와 직원들에

대해서도 뚜렷한 연수계획을 세워 지켜나가도록 지도할 것이다. 그는 가정학습, 협의회와 실습, 교사와 직원들의 주말 모임, 혹은 매주 한번씩 계속되는 훈련반을 통해 이 일을 할 수가 있다.

이들 연령별 전문가들은 물론 그들 각부서의 필요에 일치하는 자격과 임무를 갖추고 있어야 할 것이다. 그와 동시에 이들의 영적인 자격조건도 교장의 그것과 대등한 것이다.

a. 헌신(Dedication) : 자기의 업무를 분명한 하나님의 소명으로 알아야 한다.

b. 훈련(Training) : 그는 자기의 소명이 있는 바 연령별 그룹에 대한 특징과 필요와 사역방법을 알고 있지 않으면 안된다.

c. 대인관계(Public relations) : 그는 뒤에서 밀어내는 자이기보다는 앞에서 인도하는 자여야 한다. 개선이 필요한 분야에 대해 알아야 하는 것만큼 교사들의 칭찬할만한 업적에 대해서도 알고 있을 필요가 있다.

④ 성격(Character) : 순전한 크리스챤의 성품은 교사와 학생들에 대해 주님과 그의 교회를 대표하는 사람에게 없어서는 안될 것이다.

그 외에 추가할 연령층을 위한 책임자들의 자질은 다음과 같다.

(4) 영아부 부장(Cradle Roll Superintendent)

① 어린아기에 대한 애정(Fondness for babies) : 아기가 어느 교회가 좋은지 그 부모에게 표현할 수 없다 해도 어머니들은 아기가 그 교회의 탁아부에서

만족하고 있는지 재빨리 알아차리게 된다. 만일 유난히 울어대거나 무서워한다면 부모들은 다른 교회의 탁아부에 가볼 수 있다. 직원들의 아기에 대한 사랑은 안전감의 반응을 할 것이다.

② 민첩성(Alertness) : 아기가 처음으로 탄생하면 영아부 부장은 그 아기의 집을 방문하여 아기의 새로운 생애에 주일학교가 관심을 가지고 있음을 나타내야만 한다. 영아부의 명부에 아기 이름을 올리도록 해야 하며, 아기 어머니에게는 적당한 표식과 함께 교회의 관심을 설명하는 편지나 인쇄물을 보내도록 해야 한다. 거기에는 아기를 주일날 교회의 탁아부로 초대하는 내용과 어머니가 예배에 참석하는 동안 충분한 자격을 갖춘 직원이 아기를 돌보아 줄 것을 다짐해 준다.

③ 직원을 지휘할 수 있는 능력(Ability to direct a staff) : 어린 아기를 위한 탁아부가 한 사람 이상의 직원들을 필요로 하기 때문에 많은 교회에서는 한 사람의 유급직원을 고용하는 한편 여성 자원자들이 돌아가면서 아기 보는 일을 돕는다. 이 부서의 부장은 어머니들의 협력을 얻고 선발하는데 있어서 재치있고 통찰력이 있는 사람이어야 한다.

④ 위생시설(Hygienic) : 어머니들은 병균에 아기들이 노출되지 않도록 보호할 본능을 갖게 마련이다. 이와 같이 부장도 영아부를 드나드는 다수의 아이들에게서, 혹은 아기를 보아주러 오는 사람들 중 감기 걸린 봉사자들에게서 아기들을 보호할 방법을 강구해야만 한다. 세탁과 청소가 정기적으로 철저하게 시행되어야 할 것이다. 아기의 포유에 관한 필요한

주의사항과 함께 어머니들이 아기의 포유병을 맡길 수 있는 계획이 취해질 것이다.

⑤ 명랑성(Cheerful) : 아기들은 그들이 놓여 있는 환경을 그대로 나타낸다. 명랑함이야말로 확실히 아기들을 기분좋게 해 줄 것이다.

(5) 탁아부 부장 : 2−3살(Toddler Deparment ; 2's and 3's)

영아부에서 지적된 고려사항 이외에 이 부서의 부장은 다음과 같은 것들을 알아야 한다.

① 유아들을 알아야 한다. 그러면 그들의 능력과 한계를 깨닫게 될 것이다.

② 말하는 법을 알아야 한다. 그들에게 쉬운 말로 말하는 것과 그들과 같이 말하는 것 사이의 차이점을 알게 될 것이다.

③ 방법과 자료를 알아야 한다. 성경의 진리를 유아들에게 전달하는 최선의 방법을 찾고 배우는 교사인 동시에 학생이어야 한다.

(6) 유치부 부장 : 4−5살(Beginner Superintendent ; 4's and 5's)

탁아부에서와 같이 이 연령 그룹을 위해서도 특수훈련이 필요하며 다음과 같은 것들이다.

① 이 연령층의 능력의 한계에 대한 지식. 이들의 육체적 정신적 능력에 대해 이해하고 있지 않으면 안된다.

② 방법 연구. 교사들을 훈련하기 위하여 이 어린이들의 마음을 가장 잘 움직일 수 있는 방법을 이해하는 것이 이 유치부 부장의 책임이다. 그리고 그러한 지식을 교사들에게도 전할 방법을 연구할 필요가

있다.

③ 문제를 수습하는 방법에 대한 지식. 유치부 아동들을 이제 막 가르치게 된 교사들은 우는 아이나 몹시 예민한 아이가 있을 때 이 문제를 다룰 줄 아는 어른에게 문의해야 될 경우가 종종 있다.

④ 가르치는 능력. 때로 이 부서의 부장은 예배와 동화시간을 위한 주임교사의 역할을 해야 할 때가 있다.

(7) 유년부 부장 : 6-8살(Superintendent of the primary Department ; 6's to 8's)

유치부 부장의 자격 이외에도 유년부 부장이 알아야 할 것은,

① 아이를 그리스도에게로 인도하는 법. 유년부 학생들은 구원에의 초대에 쉽게 응한다. 이렇게 구원받기 원하는 학생은 종종 부장에게 안내되는 경우가 많다.

② 갖가지 필요를 이해할 것. 부장은 교사들에게 아동들이 교회에서 배웠던 것을 실제 생활에 적용하게 하도록 지도하기 위해 유년부 아동들의 특징을 이해하지 않으면 안된다. 부장 자신이 아마도 아동의 예배시간 동안 주임교사가 되기 때문에 그는 아이들을 이해해야만 한다. "1분을 6분처럼," 이란 달은 공립학교 잡지에 나온 선전문구인데, 주일학교 교사에게도 해당되는 좋은 충고이다.

(8) 초등부 부장 : 9-11살(Junior Department Superintendent ; 9's to 11's)

이 부서의 부장에게는 특별한 자질이 요구된다.

① 교수법의 융통성. 이 부서의 팀 교수법 활용과

합반수업 등이 부장으로 하여금 가르치는 위치에 서게 한다. 전자의 경우, 그는 주임교사가 되고 후자의 경우, 그는 예배의 인도자가 된다.

② 빈틈이 없을 것. 주일학교에서 가장 기민하고 활동적인 그룹 앞에 서기 위해서는 이 부장 또한 기민하게 발전을 계속해야 한다.

③ 활동적인 것. 주일날에 초등부 학생들을 이해하기 위하여 부장은(교사들도 마찬가지로) 특별 야외활동을 통해서 그들과 함께 지내 볼 필요가 있다. 등산이나 야유회, 야구시합 혹은 그밖의 놀이를 하는 동안 이들은 마음을 열어놓고 자신에 대해 이것 저것 이야기하게 되며, 그 대회에는 그들의 생활철학과 욕구 등이 밝혀지게 될 것이다.

④ 구령자(救靈者)가 될 것. 이 연령층은 구원에의 초대에 대해 가장 반응이 빠른고로 이 부서의 부장과 교사는 구령자라면 좋을 것이다.

(9) 중등부 부장 : 12-14살(Intermediate Department Superintendent ; 12's to 14's)

① 청취자가 될 것. 엄청난 변화의 시기를 겪고 있는 이 사춘기의 학생들에게는 그들의 문제에 귀를 기울여 주며 권면해 주고 그들의 문제의 해결을 도와 줄 어른이나 상담자가 필요한 것이다.

② 혁신적일 것. 이들 연령층은 자기들이 십대 전(十代前)의 아이들보다는 우월하다고 생각하므로 초등부에서 사용했던 방법을 제시하면 곧잘 싫증을 느낄 것이다. 따라서 이 부서의 부장은 그들의 주의 끄는 방법들을 습득하도록 해야 하며, 혹은 그렇게 할 수 있는 이들의 도움을 얻지 않으면 안된다.

③ 배우는 자가 될 것. 온갖 의문과 두려움으로 가득 찬 십대들이기 때문에 지도자는 이들에게 성서적인 지도를 해 줄 수 있어야 한다. 그는 이 목적을 위해 성경 어디를 찾아야 할 지 알아야 할 것이다.

④ 자제(自制). 감정적인 상황에서 자제할 수 있어야 함은 대단히 중요한 일이다. 충격, 분노, 눈물 등은 억제되어야 한다. 아무리 십대들의 말이나 행동이 이러한 감정을 자주 일으키게 한다고 할지라도 이 부서는 모든 수업을 눈물로 흠뻑 젖게 하는 중년의 감정적인 한 여성을 위한 부서는 아닌 것이다.

(10) 고등부 부장 : 15−18살(Senior High Department Superintendent ; 15's to 18's)

고등부 학생들은 이들보다 어린 십대 친구들보다 자기들의 신앙에 발을 내디딜 수 있도록 인도되어 지기를 간절히 열망한다. 따라서 이 부서의 부장은 이에 따라 첨가된 자격 조건들을 갖추고 있어야 한다.

① 필요에 대한 인식. 십대들을 여러 가지 봉사사업에 끌어넣기 위한 방법들을 탐색함에 있어서 부장은 그들이 도울 수 있는 분야들을 찾아낼 것이다. 그는 이런 도움을 줄 수 있는 곳을 찾아내는 것을 사업으로 하는 기관과 가까이 접촉하여 교회가 협조할 수 있는 것이 무엇인가 알아낼 것이다.

② 모범이 될 것. 이상주의적인 청소년은 어떤 모범이나 본보기를 찾는다. 부장은 이들을 최고의 모범이신 예수 그리스도에게로 돌리게 할 뿐만 아니라 그 자신 스스로 하나의 훌륭한 본보기가 되어야만 한다. 이들은 가정에서 지도자를 찾지 못할 때 교사의 생활을 모방하게 되는 것이다.

제 10 장

지도자론

Ⅰ. 지도자의 개념

지도자의 개념은 크게 두가지로 나누어진다.

1. 두목(우두머리 ＝ Boss)이다.
  (1) 인기 있는 자
  (2) 대표자
  (3) 권위자

2. 지도자(인도자 ＝ Guide)이다.
  (1) 방향제시자(가르쳐 이끌고 감)
  (2) 통일 유지자
  (3) 일(올바른)의 효과적 성취자

3. 기독교적 지도자의 개념(A Christian Concept of Leadership)은 무엇인가?

어떤철학자는 "귀족과 그리스도의 차이는 귀족은 고도의 독립성, 우월성을 지닌 인물이며 그리스도는 겸손과 봉사로 일생을 바친 인물이었다. 그런고로 기독교적 지도자(관리자)상은 그리스도에게서 찾아야 한다."고 했다.

   (1) 지도의 동기는(the Motive of Leadership)?
     사랑(Love)이다. 즉 그들 속에 하나님의 형상이 재창조 개발되기를 원하는 것이다. 이는 자애에서 출발한다.

   (2) 지도의 방법은(the Method of Leadership)?
     봉사(service)이다. 즉 생명은 주로 봉사(섬김)의 자세이다. 그리스도는 뛰어난 봉사자이셨다.
     ① 그 활동에서 종된 점을 강조하셨고
     ② 가식 없는 겸손으로
     ③ 비굴하지 않으셨으며
     ④ 수동적인 순종도 아니었다.

   (3) 지도의 목표는(the Goal of Leadership)?
     구속(Redemption)이다. 즉 죄로부터 해방이다. 이는 자신을 기꺼이 사랑으로 복종시켜 하나님을 섬기는 자유인이 되게 하는 것이다.

II. 지도의 근거 및 이유

1. 일의 현장에서의 인물난

선생은 많으나 스승은 적으며, 장사군은 많으나 진정한 기업가는 드물고, 정상배는 많으나 국민을 위한 참된 일군을 만나기는 어렵고, 교역자는 많으나 참 목자는 얼마나 될까?

2. 하나님에게서의 인물난

(요 4 : 35) 눈을 들어 밭을 보라 희어져 추수하게 되었도다.
(마 9 : 36) 무리를 보시고 민망히 여기시니.......
  ＊＊ 예수님께서 공생애를 시작하실 때 큰 사상 개요를 발표하시기 위하여 저작이나 건축을 하신 것이 아니라 사람을 찾으셨다.

3. 문제 제기와 그 해답

(1) 기독인이 지도자가 되려고 하는 것은 과연 타당한 가?
  겸손의 법칙에 위배되지는 않는가? 지도자의 야심을 갖는 것은 교만의 증거인가? (잠 16 : 18, 약 3 : 1)
(2) 그 해답은 다음과 같다.
  ① 모세는 지도자를 축복으로 알았다(신 28 : 13).
  ② 바울은 권세는 하나님께로 난 것이라 했다(름 13 : 1).
  ③ 하나님은 전능하시기 때문에 무슨 일이든 직접 주권적으로 하실 수도 있으시지만 그 방법보다 사람을 세우셨고 그를 통하여 기뻐하셨다.

  ＊ 그래서 하나님은
  a. 모세를 부르셔서 지도자로 세우셨다(민 27 : 12－23).
  b. 기드온을 부르셔서 지도자로 세우셨다(삿 6 : 11－16).

> c. 사울을 부르셔서 지도자로 세우셨다(삼상 8 : 4—
> 9, 10 : 20—24).
> d. 다윗을 부르셔서 지도자로 세우셨다(삼상 13 : 14,
> 행13 : 22).
> e. 이사야를 부르셔서 지도자로 세우셨다(사 6 : 1—
> 8).
> f. 예레미야를 부르셔서 지도자로 세우셨다(레 1 : 1
> —10).

> * 그러므로 지도자를 통한 역사는 하나님의 요
> 청이자 방법이다(고전 14 : 33, 40).

Ⅲ. 지도자의 종류및 그 특성

1. 자연적 지도자와 그 모습
  (1) 자기신뢰.
  (2) 사람만 안다.
  (3) 자기 스스로 결단.
  (4) 야심을 가진다.
  (5) 자기 방법대로 일 시작.
  (6) 타인을 지시하는데서 쾌감 누림.
  (7) 모든 일을 독단적으로 처리.

2. 영적 지도자와 그 모습
  (1) 하나님을 신뢰.
  (2) 자신뿐 아니라 하나님을 더 알려고 노력.
  (3) 스스로 결정하기보다는 하나님의 뜻을 찾음.

(4) 자기를 감춤.

(5) 하나님의 방법대로 일을 시작.

(6) 타인에게 명령하는 것보다 하나님에게 순종하는 것
을 더욱 기뻐함.

(7) 자주적이기보다 하나님 의존적이다.

3. 특성

(1) 일반적인 면의 특성

① 비견(미래를 향한 설계, 통찰력)이 있다.

② 헌신(분명한 자세 표명)한 자이다.

③ 자발성(제 문제에 자진하는 기본 자세)이 있다.

④ 긍정적 사고(현실적 자기상의 객관적 평가, 그럼
에도 불구하고)자이다.

⑤ 수용성(인정, 용인)의 소유자이다.

⑥ 이해력(외부의 세계에 대한 올바른 자세)이 있다.

⑦ 관용함(분별과 판단의 올바른 자세)이 있다.

⑧ 창의성(자신의 특성발휘, 여건의 특이성 이용)이
있다.

⑨ 상호의존(타인과 관련 자각, 타인을 자기 입장으
로 수용)형이다.

⑩ 의사소통(타협아닌 이해와 설득, 입과 귀가 함께
열려 있는 것, 정확한 제시와 올바른 판단)이 있는
자이다.

(2) 신앙적인 면의 자질

① 확신을 통한 안정성(문제와 피관리자 그리고 성
령의 임재와 도우심)이 있다.

② 겸손과 확신의 태도(준비와 믿음을 통하여)가
있다.

③ 분명한 반응(이해와 접촉)이 있다.
④ 함께 나누는 자세(역할 분담)가 있다.
⑤ 겸손함(성령의 지혜 인도로 가능, 민 20 : 27)이 있다.
⑥ 성령과의 동역의 사람이다.
⑦ 모범(수준과 기준, 하나님과의 교재에서 가능)자이다.
⑧ 열의가 있다.
⑨ 신용이 있는 자이다.
⑩ 훈련된 자이다.
⑪ 자신이 있다.
⑫ 결단력이 있다.
⑬ 용기가 있다.
⑭ 유우머가 있다.
⑮ 성실한 자이다.
⑯ 이타심의 소유자이다.

Ⅳ. 지도의 분야 및 내용

1. 생활지도
(1) 일정한 조직체에 매인 구성원으로서의 활동을 지도.
(2) 행동과 활동의 상태를 지도.

2. 학습지도
(1) 후천적으로 지식, 기술, 행동, 인식능력을 배워 익히게 함.
(2) 계획에 따라 의도적 의식적으로 진보를 위해 경험을

쌓게 함.

3. 업무지도
(1) 맡은 부서에 필요한 기능 이끌어 줌.
(2) 사무적 기능자(맡아서 감당할 수 있도록).

Ⅴ. 지도자의 자격

1. 일반적인 자질을 검토

(1) 안정성(Poise) — 안정성은 "외양"이나 허울만의 것은 아니다. 안정성은 지도하는 사람이 자기가 다룰 문제와 자기가 지도할 연령집단에 대해 잘 알고 있을 때 얻어진다. 안정성은 마음 속에 내재하시는 성령의 임재와 도우심에 의지함으로써 얻어진다. 그러니까 사람의 외면적 자세는 그의 내부의 믿음과 확신을 반영하고 있는 것이다.

(2) 몸가짐(Bearing) — 지도하는 사람의 몸가짐 격시 그의 자세와 걸음걸이를 통해 내부의 태도를 드러내 준다. 자신에 차서 머리를 둘되 결코 자만으로 기울지 않는다. 확신감에 찬 태도로 걸을지라도 허영의 거드름은 아니다. 직무에 임할 때의 즐거움과 확신감을 통해 우리는 지도자를 알아볼 수 있다. 다시 갈하거니와 자세는 준비와 믿음에서 우러나오는 것이다.

(3) 투영(Projection) — 지도자는 그가 지도하고 있는 사람들과 함께 눈의 접촉과 마음의 접촉을 가진다. 그는 그의 말과 어조에 분명히 나타나는 흥미외 관심을 가지고 청중을 사로잡는다. 그는 자기가 이야

기할 바를 이미 알고 있으므로 메모를 읽을 필요가 없이 눈으로 시종일관 듣는 이들의 얼굴을 살피고 그들의 반응에 유의한다. 그는 자기가 다루고 있는 주제를 충분히 알고 있으므로 듣는 이들이 이해의 부족이나 불안감을 나타내 보일 때에는 다른 사실을 들어 보충 설명해 줄 수 있다.

(4) 함께 나눔(Sharing) - 지도자는 자신에게 주어진 활동영역 안의 모든 역할을 혼자 다 수행하려 하지 않는다. 이를테면 주일학교 교장의 경우 그의 직분은 그가 아는 바를 다른 사람에게 나누어 줌으로 다른 이들이 따라 올 수 있도록 방향을 제시해 주는 일이다. 그는 "이렇게 저렇게 하라"고 말하며 항상 남의 뒤에서 밀어내기만 하지는 않는다. 그보다 그는 그 일에 관해 자신이 알고 있는 방법을 다른 사람들에게도 말해 주고 또 스스로 자신이 해 보임으로써 본을 보인다. 부장의 직무는 가르치는 일은 아니지만 그에게는 으레 자기 부서의 교사들을 훈련시킬 책임이 따른다.

(5) 겸손(Humility) - 아마도 이 자질로서 진정한 지도자와 스스로 난 체하는 사람이 구분된다 할 것이다. 진정한 하나님 사업의 지도자라면, "으뜸이 되고자 하는 사람은 종이 되어야 한다."(마 20 : 27)는 주 예수 그리스도께서 말씀하신 자격을 갖추고 있는 사람이어야 할 것이다. 충실하고 자발적인 봉사는 지도자직을 맡을 수 있는 하나의 자격요건이 된다. 어떤 사람들은 지도자적 자질을 타고 나기도 하지만 일반적으로 연구와 훈련을 통해 이 능력을 증진시킬 수 있다. 그리스도와 그의 교회를 몸 바쳐 섬김으로써

하나님의 종으로 양육되는 것이다. 진정한 지도자라면 자신에게 과업을 맡긴 성령의 지혜와 인도와 힘에, 자신이 의존하고 있다는 사실을 항상 인식한다.

(6) 추종(Fellowship) — 지도자란 본질적으로 일종의 추종자, 즉 하나님의 성령의 인도를 따르는 사람이다. 성령의 인도는 전도의 문을 열어주시고 닫으시는 일과 특정지역에 대한 전도의 필요성의 인식, 또는 메시지나 책을 통한 특정분야의 가능성에 대한 비젼을 통해서 주어질 수 있다.

(7) 모범(Example) — 교회가 모든 성도로부터 응당 기대하는 영적 헌신의 모범은 지도자에 의해 보여져야 한다. 지도자의 힘과 용기와 비젼은 봉사와 더불어 기도와 성경연구를 통한 하나님과의 교제에서 얻어진다. 지도자는 항상 자기 수련을 쌓으며 남을 위해 오리를 더 가는 수고를 아끼지 않는다. 지도자의 열성이나 여러 지도자적 자세는 감염성을 가진다. 요컨대 지도자를 존경하는 사람들은 그의 자질에 뒤지지 않기 위해 그를 본받으려 하는 것이다. 따라서 그러한 자질은 가능한 한, 가장 높고 훌륭한 수준의 것이어야 한다.

2. 성경적 자질

"성경에 나타난 가장 원천적이며 근본적인 지도자의 자격은 겸손과 자기 부정이다."

(1) 모세

① 그의 태도(출 4 : 1, 10, 13). 그 이유(출 4 ; 13).
② 하나님의 격려(출 3 : 12, 14, 4 : 12, 13)와 재촉
하나님은 스스로 만족하는 교만한 자를 찾지 아니

하시고 겸손한 자를 찾으신다. 세상은 겸손 자를 도외시하나 영적 지도자에게는 그 겸손이 커다란 재산이다. 사람은 유능하고 능률적인 면을 보나 하나님은 그것은 고려하지 않으신다.

(2) 기드온

① 그의 태도(삿 6 : 1-14). 그 이유(15).

② 하나님의 격려(삿 6 : 16이하)

문제의 핵심은 하나님에게 있다. 나의 약함이 문제가 아니라 하나님의 강함이 나의 약함을 도우실 것이다. 물론 나의 부족은 깨달아야 한다. 그러나 그 능력의 도우심을 알아야 한다(빌 4 : 13, 고후 12 : 9, 3 : 5).

(3) 예레미야

① 그의 태도(렘 1 : 4-5, 6).

② 하나님의 격려(렘 1 ; 7-10).

하나님이 친히 함께 하시겠다는 약속의 보장이 있다. 뛰어난 슬기, 재주가 있어도 하나님이 함께 하심이 없으면 아무것도 아니요, 아무것도 할 수 없다(잠 16 : 9).

(4) 다윗

① 그의 태도(삼하 11 : 1-27, 시 51 : 1-19, 삼하 7 : 7-17, 대상 22 : 6-16).

② 하나님의 격려(행 13 : 22, 삼상 16 : 7)

그의 중심은 겸손이었고, 들려주시는 하나님의 음성에 순종하는 것이었다.

(5) 예수님 : 마 20 : 17-18, 눅 9 : 23-25

① 지도의 동기는 사랑이었다(그 속에 하나님의 형상이 재창조 개발되기 원함).

② 지도의 방법은 봉사이었다(생명을 주는 섬김의

자세, 활동에서 종됨, 가식없는 겸손, 비굴하지 않음,
수동적 순종이 아님)

③ 지도의 목적은 구속이었다(해방 즉 자신을 기꺼이
사랑으로 복종시켜 하나님을 섬기는 자유인이 되게
하는 것).

(6) 베드로 : 눅 5 : 8−11.

(7) 바울 : 딤전 1 : 13−15, 엡 3 : 8, 고전 15 : 8−9.

Ⅵ. 지도자의 성품

최고의 참 지도자 되신 예수님에게서 다음과 같은 성품을
찾아볼 수 있다.

1. 눈물 : 요 11 : 35, 눅 19 : 41, 히 5 : 7−8 = 시 119 :
    136

2. 인내 : 요 7 : 6, 눅 24 : 25, 눅 23 : 14 = 딤후 4 : 2

3. 분노 : 막 3 : 1−5, 마 23 : 16−33, 마 21 : 13, 막 10 :
    13−14 = 마 5 : 22, 엡 4 : 26

4. 동정 : 마 15 : 32, 막 3 : 5, 마 9 : 36 = 눅 15 : 20, 막
    6 : 34

5. 기도 : 행 3 : 1, 막 1 : 35, 눅 9 : 18, 눅 11 : 1, 눅 18 : 1

6. 감사 : 마 14 : 19, 마 11 : 25, 요 11 : 41−42, 고전 11 :
    23−25 = 살전 5 : 18

7. 매력 : 요 7 : 46, 눅 23 : 42−43, 눅 19 : 8 = 요 12 ; 32

8. 고독 : 요 7 : 2−5, 눅 4 : 29, 요 15 ; 14−15, 요 7 : 53,
    8 : 1, 마 27 : 46 = 히 4 : 15−16

9. 유모어 : 눅 24 : 17 = 잠 17 : 22

10. 복종 : 눅 2 : 51, 요 17 : 4 = 엡 5 : 21

11. 은혜 :　막 14 : 7−9, 눅 8 : 43−48, 요 13 : 1, 14 : 1, 눅
　　　　　　 9 : 57, 요 8 : 2−11 = 마 12 : 20
12. 생기 :　요 1 : 4, 벧전 2 : 22, 마 8 : 29, 마 4 : 10, 눅 12 :
　　　　　　 51, 눅 9 : 51 = 마 28 : 20

Ⅶ. 지도자의 임무

1. 일의 분담과 지시이다.
　(1) 업무수행시 방해요인을 찾아내고 분석하고 제거하는
　　　일.
　(2) 일을 지도하는 일.
　(3) 일을 시킬 줄 아는 것.
　　1)그러므로 지도자는,
　　　① 계획성이 있어야 한다(계획에 의한 지시).
　　　② 일관성 : Master Plen에 의한 지시.
　　　③ 명확성 : 지시는 간단 명료하게 6하 원칙.
　　　④ 실행 가능성 : 헛수고 하지 않도록.
　　2)그러므로 지도자는,
　　　① 지시 받은 자가 적임자(실천능력)냐?
　　　② 실천에 필요한 권한이 위임되어 있느냐?를 보
　　아야 한다.
　　여기에서 책임감, 친밀감, 자신감이 나온다.

2. 회의 주도이다.
　(1) 너무 성급하게 서두르는 면을 보이지 말라.
　(2) 졸속한 결정 내리지 말라.
　(3) 신속정확한 처리를 하라.

회의에 있어서 지도자는 회원들이 신뢰, 믿음, 용기를
가지도록 해야 한다.

3. 업무의 확인, 감독이다.
맡긴 업무의 집행상황을 확인하고 감독해야 한다.

4. 보고와 통제이다.
계획에 의해 진행되어지는 것과 종료될때 까지의 과정을
보고와 통제가 되도록 해야 한다.

5. 양성과 훈련이다.
업무 결과만이 아니라 사람을 양성하고 훈련해야 한다.

Ⅷ. 지도자의 성공과 실패의 요인
(존경받는 지도자와 그렇지 못한 지도자)

1. 사울의 범죄와 그 결과
　(1) 하나님의 명령을 어기고 아말렉의 탈취물에만 급급
　　함(삼상 15 : 18-19).
　(2) 다윗을 도왔다는 이유로 죄 없이 제사장들을 죽임
　　(삼상 20 : 11-20).
　(3) 하나님이 뽑아 세우신 다윗을 죽이려함(삼상 23 : 24
　　-26).
　　** 그 결과는 블레셋 대전의 참패와, 가정과 하
　　나님의 일 파괴였다.

2. 모세의 실패와 그 결과

(1) 하나님의 거룩을 나타내지 않음(민 20 : 7 − 13, 27 :
    12 − 14).
(2) 하나님의 명령 거역.
    ＊＊ 그 결과는 가나안을 바라보기만 하고 못 들어
    갔고, 객지에서 죽음과 그 위를 타인에게 빼앗기게
    되었다.

3. 그런고로 우리는?(요 3 : 30)
   (1) 역사의 완성자는 인간이 아니라 전능하신 하나님이
       시다는 사실과
   (2) 인간은 순간적으로 역사의 주관자, 섭리자 하나님을
       잠시 수종드는 것 뿐임을 명심해야 한다.

Ⅸ. 조직체의 이해와 지도자의 위치

1. 조직의 구성은 지도자와 구성원으로 이루어진다.
   조직이라는 열차는 기관차(Leader) + 객차(Member)로
이루어진다.

2. 구성원의 주지사항(훌륭한 리더가 할 일)
   (1) 출석의 의무.
   (2) 책임 감당의 의무.
   (3) 훌륭한 리더를 선출하고 복종할 의무.
   (4) 소속 단체를 사랑할 의무.
   (5) 규율과 질서를 지키고 서로 사랑할 의무.
   (6) 자발적 참여와 협동의 의무.
   (7) 훈련의 의무.

3. 지도자의 주지 사항

  (1) 경영학자 버너드(Bernard)는 "조직과 관리"에서 다
음과 같이 언급하였다.

    지도자는

    ① 박력.

    ② 결단력.

    ③ 설득력.

    ④ 책임감.

    ⑤ 능력.

  (2) 데이비스(Davis)는 "경영관리자의 특징"에서 다음
과 같이 주장하였다.

    ① 지능이 있는자이어야 한다.

    ② 사회적 성숙과 넓은 폭이 있는자이어야 한다.

    ③ 성취욕이 있는자이어야 한다.

    ④ 인간관계의 태도가 분명해야 한다.

  (3) 동양에서의 지도자 특질을 다음과 같이 말한다.

    ① 신 : 身

    ② 언 : 言

    ③ 서 : 書

    ④ 판 : 判

  (4) 공자의 지도자상은 다음과 같다.

    ① 지 : 智

    ② 인 : 仁

    ③ 용 : 勇

  (5) 죤 더블류 가더(John. W. Gurder. 미 보건 후생 교
육성 장관)의 미 정부 운영방침은 다음과 같다.

    ① 경영자는 구성원의 자질 개발의 훈련을 시도하
라.

② 화목한 분위기를 조성하라.
③ 자기비판의 여지를 충분히 갖춰라.
④ 외곬으로 경직 되지 않도록 구조적 유동성 가지라.
⑤ 분명한 방향을 제시하라.
⑥ 조직에 너무 의존하지 말라.
⑦ 이권 다툼에 대한 경계를 게을리 말라.
⑧ 미래 지향적 안목을 가지라.
⑨ 구성원의 사기 앙양을 잘하라.

Ⅹ. 지도자의 실제 문제

 1. 지도자와 레크레이션.
 2. 지도자와 대인 관계.
 3. 지도자와 말.
 4. 지도자와 자기 개발.
 5. 지도자와 가정(가족).
 6. 지도자와 시간 관리.
 7. 지도자와 돈.
 8. 지도자와 의. 식. 주.
 9. 지도자와 건강.
10. 지도자와 사회생활.
11. 지도자와 교회(타기관).
12. 지도자와 지도자 발굴.

XI. 지도력(Leadership)

신약 교회의 양적인 성장은 하나님의 권능과 더불어 시작된다. 지도자는 그가 하나님을 위해 세워 나가는 일의 길이요 그림자이다. 군중을 끌기 위해 어릿광대를 이용하는 것은 신약적 성장이 아니다. 신약적 성장은 하나님의 사람으로부터 시작되어지는 것이다. 성경적 지도력을 찾으려면 다음의 기준이 관찰되어야 한다.

1. 지도력의 영적 요소(Spiritual Factors of Leadership)

(1) 성장하는 교회에는 하나님께 부름받은 지도자가 있다. 다음의 기준에 부합되면 하나님께 부름 받았음을 확신할 수 있다. ① 그는 하나님을 섬겨야 할 짐을 느낀다. 짐이란 문구는 구약 에스겔 선지자에 의해 사용되었다(겔 12 : 10). ② 그에게는 하나님을 섬기고 싶은 욕망이 있다. 이것은 그의 모든 소망을 다 둘러싸는 불타는 욕망이다. ③ 그에게는 하나님을 섬기는 길 밖에 다른 방도가 없다. 하나님이 사람을 불러 섬기라 하실 때 그것은 곧 지상명령이다. 하나님께서 주일학교 학급을 가르치라고 부르셨다면 하나님께 이의를 제기하고 대신에 버스운전을 할 수는 없는 것이다. 사람이 하나님께 부름을 받았을 때는 100퍼센트 순종만이 유일한 방도인 것이다.

(2) 성장하는 교회에는 성경적인 영력을 발휘하는 효율적인 지도자가 있다. 하나님께 쓰임받는 사람은 성령으로 충만해야 한다(엡 5 : 18). 성령으로 충만하다는 것은 성령에 의해 조정됨을 말한다. 그러면 하나님께서 그 지도자에게 권능을 부어 주심으로

교회를 세우든지 학급을 가르치도록 하실 수 있는 것이다. 성령충만은 곧 구령으로 이어지고(행 2 : 1-4) 기도의 응답이 되며(행 4 : 31) 기쁨(행 13 : 52)과 열매를 풍성히 맺게 한다(갈 5 : 22-23).

성령으로 충만하기 위해서 지도자는, ① 모든 알려진 죄로부터 자신을 성별해야 하며, ② 모든 의식적인 노력을 하나님께 맡기고, ③ 사역의 모든 분야에서 하나님의 지도를 구해야 하며, ④ 하나님께서 그의 사역을 통해서 성령의 결실을 맺게 해 주실 것을 신뢰하여야 한다.

(3) 성장하는 교회는 그들의 지도자를 통해서 역사하시는 하나님의 권능을 본다. 성령으로 힘 입힘을 얻는데는 공식이 없다. 이것은 지도자가 하나님께 순복하고 기도 가운데서 전력을 다할 때 주어지는 것이다. 지도자는 성숙해야 하고 자신의 모든 능력을 하나님을 섬기는 데 바쳐야 한다. 영력을 얻기 위하여 지도자는 하나님의 말씀의 모든 자격을 구비하지 않으면 안된다.

(4) 성장하는 교회는 그들의 지도자의 비젼을 나눠 갖는다. 구약에 선지자를 선견자(삼상 9 : 9)라 불렀듯이 성경적인 지도자는 먼저 보아야 하며, 보되 가장 멀리 보고 또한 많이 보아야 한다. 그는 하나님께서 그의 교회에 하실 일에 대한 비젼이 있어야 한다. 그는 성장의 비젼이 있어야 한다. 그리고 그는 그의 회중에게 영감을 불어 넣어 주어야 한다.

(5) 성장하는 교회에는 성령의 은사를 받은 지도자가 있다(롬 12 : 3-8 ; 고전 12 : 1-27 ; 엡 4 : 7-13). 성령의 은사를 받은 사람은 그 은사의 효율적인 활

용을 통하여 영적인 결과를 성취한다. ① 성령의 은사를 받은 사람들은 그들의 결과를 성취하는 능력에 비례한다. 가르치는 은사를 같이 받은 사람 중에도 어떤 사람은 다른 사람보다 효과적이다. ② 어떤 사람은 다른 사람들보다 더 많은 은사를 받았다. ③ 재능있는 사람은 열심과 많은 은사를 같이 가진 사람으로서 은사를 적게 가진 사람보다 하나님을 위해서 더 많은 것을 성취할 수 있다. 이 성취는 양적으로도 또한 질적으로도 가능한 것이다(그는 그를 따르는 자들 속에 영적 깊이를 심어 주든지, 아니면 많은 추종자들이 따르게 할 수 있는 것이다). ④ 지도자는 그에게 주어진 은사를 충실히 활용함으로 그의 능력을 자라게 하는 결과를 가져 오게 할 수 있다. 그는 능력을 축적하든지, 아니면 이미 가지고 있는 능력이 더 큰 효과를 발휘할 수 있다.

(6) 성장하는 교회에는 그리스도인의 봉사에 대한 명령을 적극적으로 순종하는 지도자가 있다. 어떤 지도자들은 하나님의 부르심을 받았고 영적 은사도 받았으며 하나님께 자신을 순복시켰으며서도 그 사역에 효과가 없는 사람들이 있다. 그들은 하나님을 섬길 곳을 찾고 구해 보지 않은 사람들이다. 그들의 생활 속에 하나님의 능력을 체험하는 사람들은 주의 사역을 위한 신약의 명령을 적극적으로 실천해 나가는 사람들이다. 성령은 우리에게 비젼을 가지고(마 10장) 잃어버린 자들을 적극적으로 찾으며(눅 14 : 23) 가급적 많은 사람들에게 복음을 전파하라고(막 16 : 15) 가르친다. 성경에 기록된 명령을 활동적으로 찾아 내고 순종하는 지도자들이야말로 그들의 사역

에 하나님의 축복을 체험하는 사람들이다.

(7) 성장하는 교회는 지도자의 믿음의 결실이다. 믿음은 대체로 눈에 보이지 않는 특성으로 간주된다. 사랑 같은 것은 가지고만 있다면 곧 알 수 있는 것이다. 대부분의 사람들은 일상생활을 통해서 많은 믿음의 행위를 실천하며 살아가고 있다. 우리는 의자가 우리를 받쳐줄 것을 믿으며 비행기가 우리를 목적지까지 실어다 줄 것을 믿는다. 성경적 믿음은 예수 그리스도에게 중심을 둔다. ① 예수 그리스도를 알면 아는 만큼 그를 더 신뢰하게 된다.② 하나님께 적은 일을 신뢰하여 얻은 성공은 더 큰 믿음의 영역으로 인도된다.③ 성경적 믿음은 하나님께서 우리의 노력에 축복해 주시기를 막연히 소망하는 것이 아니다. ④ 우리의 사업이 하나님의 뜻에 가까우면 가까울수록 그 사업에 하나님의 축복이 임할 것을 신뢰하는 믿음은 그만큼 더 효력을 발생할 것이다. ⑤ 사업이 실패하는 것은 지도자에게 믿음이 부족해서가 아니다. 그 사업이나 우리의 사역이 하나님의 뜻과 어긋나기 때문이다.

(8) 성장하는 교회에는 성숙한 지도자가 있다. 영적 성숙은 하루아침에 이룩되는 것이 아니다. 성숙은 시간과 성공적인 사역과 축적된 체험과 함께 자라는 것이다. 우리가 하나님을 신뢰하여 응답을 받을 때마다 더 큰 것을 신뢰할 수 있는 능력이 자라나는 것이다. 이 진리는 성령의 은사의 경우도 마찬가지로 적용된다. 사람이 최대한도로 그의 능력을 펼 때마다 그의 능력은 장래 필요한 때를 대비하여 성장하게 되는 것이다. 그러므로 성숙은 사람이 하나님과 동

행하며, 오랜 세월 그를 섬김으로 습득되어지는 것
이다. 따라서 모든 것이 동일한 여건하에서는, 신학
교를 갓나온 젊은이는 연륜을 쌓은 목사보다 빨리
위대한 교회를 세울 수는 없는 것이다.

(9) 성장하는 교회는 단호한 결단력을 가진 지도자에
의해 이룩된다. 그는 결코 포기하지 않는다는 말이다.
그가 교회를 세우기로 작정한 다음에는 다른 교회
로부터의 청빙은 받아들이지 않는다. 그는 그 지역
사회를 전도할 주께서 주신 사명감을 느낀다. 그런
고로 그는 한 곳에 머물며 교회를 세운다. 장애를을
만나면 이기고 넘어간다. 그리고 계속해서 교회를
세우는 것이다.

2. 지도력의 자연적 요소(Natural Factors of Leadership)

지도력은 사람들로 하여금 신약 교회의 목표를 달성하드록
도와주는 것이다고 정의되었다. 그런고로 위대한 교회를 세
우는 사람은 교인들로 하여금 그 교회의 목표를 달성하드록
돕게 될 것이다.

(1) 성장하는 교회는 하나님을 위해 가장 많은 것을 성
취하기 위하여 재능있는 일꾼을 고용한다. 교회 안의
모든 사람은 다 쓰임을 받아야 한다. 그러나 가장
많이 성취할 수 있는 사람이 지도력의 전략적 의치
에서 쓰여져야 한다. 적극적인 전도로 뛰어난 사람은
숫적인 성장을 이룩해 낼 수 있다. 재능있는 교사는
되도록 많은 사람의 생활 속에 최대한의 영향을 미
치도록 다양한 학습경험 속에서 많은 수의 사람들
에게 노출되어야 한다. 이 교사는 대체로 성숙하고
영적이며 훈련된 사람이다. 그는 학생들을 보다 나의

성령 지식을 갖도록 인도할 수 있으며, 따라서 그들의
생활은 더욱 더 그리스도와 같아질 것이다.

(2) 성장하는 교회는 효력있는 지도력이 그들의 사역을
증진시킨다는 사실을 깨닫는다(딤후 2 : 2). 지도자
가 그의 임무를 올바로 수행할 때 두 가지를 성취
한다. 첫째로 하나님의 사업이 번영하고, 둘째로 새
로운 일꾼들이 직무를 위해 연단받게 한다. 지도자가
그의 과업을 완수해 갈때, ① 다른 이들도 섬기고
싶은 영감을 받게 되며, ② 그가 전도한 이들이 자
라서 그의 사역을 도우려 할 것이고, ③ 그의 사역은
그의 사람들 속에서 스스로 복제되어지는 것이다.

(3) 성장하는 교회는 능숙한 전도방식을 통하여 지도능
력을 산출한다. 열이 연탄에서 연탄집개에 전도되
듯이 효력있는 지도력의 특성과 자세도 전도되어지
는 것이다. 선발된 일꾼은 경험있는 지도자와 시간을
가져야 한다. 그것은, ① 자신감을 얻기 위해서, ②
올바른 지도자의 자세를 개발하기 위해서, ③ 미숙한
실수를 범하지 않기 위해서, ④ 자신의 성공의 가능
성에 대한 비젼을 습득하기 위해서, ⑤ 그리고 사역의
전체적인 전략을 이해하기 위해서이다. 능숙한 지
도방식의 지도자들을 개발하는 최선의 방법은, ①
교수견습에 의하여, ② 유능한 교육자를 초빙함으로,
③ 교사들을 교회 밖의 세미나, 대회, 강습회 등에
참석시킴으로 할 수 있다.

(4) 성장하는 교회는 공식적인 강습회를 통하여 지도력
을 개선한다. 성장하는 주일학교는 연수계획을 세
워야 한다. 이것은, ① 주간 주일학교 교사회를 통
해서, ② 일정한 연수 교육기간을 통해서, ③ 보조교

사들을 주임교사 밑에 둠으로, ④ 지도력을 증가할 수 있는 문헌을 제공함으로 시행할 수 있다.

(5) 성장하는 교회는 직원들 사이에 일관되고 끊임 없는 교류를 제공함으로 지도력을 효율적으로 활용할 수 있다. 어느 교사도 끊임 없는 동기부여와 평가, 또는 시상 없이 최상의 경지에서 임무를 수행할 수는 없는 것이다. 대부분의 고도성장 주일학교들은 주간 교사회를 갖는다. 교사들도 그들의 과업을 재인식하고 더 나은 사역을 위해 동기를 부여 받는다. 임무를 잘 수행한 이들에게는 시상이 된다. 이와 같은 지도자와 직원들 사이에 간격 없는 만남은 끊임없는 성장에 있어서 필수적이다.

(6) 성장하는 교회는 성문화된 표준을 통하여 주일학교의 방향을 제시한다. 비록 대부분의 고도성장 주일학교들이 그들이 표준을 성문화하고 있지 않지만 그렇다고 해서 그들에게 표준이 없는 것은 아니다. 일반적으로 이 기준들은 지도자의 가슴 속에 들어 있다. 이 개인적인 방법도 성과가 있었던 것은 사실이다. 그러나 성장은 그의 직원들에게 직접적으로 전달할 수 있는 지도자의 전달능력만큼 제한되었다. 표준이 기록되면 지도자는 그의 사역을 그의 구두 전달을 초월하여 연장하게 된다. 기록된 표준은, ① 주일학교 성장의 방향을 제시하고, ② 문제해결의 기초가 되며, ③ 직원들에게 접착력의 역할을 하며, ④ 주일학교가 왜 성장하고 있는지 또는 안하고 있는지를 가늠할 수 있는 기초가 되며, ④ 지도자의 유고시 제삼자에게 실제적인 도움이 된다.

ⅩⅢ. 지도력 개선방법(Methods to Improve Leadership)

1. 직무적응지도(Orientation) : 올바른 적응지도(Orientation)는 직무 담당자가 직무를 보다 훌륭히 수행할 수 있도록 도움을 준다. 직무를 맡은 처음 수주일 간이 직무태도와 습관을 형성하는데 결정적으로 중요한 시기이다. 감독계통은 업무 초기에 가장 잘 확립된다.

2. 직무기술(記述 ; Job description) : 직무기술은 직무 적응지도와 감독에 있어서 유용한 방법이다. 이 방법은 융통성을 필요로 하나, 직무내용, 업무 관련사항, 협조 가능사항, 요망사항 등을 남김없이 밝혀야 한다.

3. 관찰(Observation) : 수련자들은 경험 많은 선배 직원들을 관찰할 필요가 있다. 학습 상황에서 지도자가 어떻게 해나아가는가를 관찰하고 그에 관한 토론의 기회를 가지면 관찰자에게나 교사 모두에게 도움이 된다.

4. 감독자 회의(Supervisory conference) : 모든 직원들은 자격 있는 감독자의 자신의 교수 업무사항을 재검토할 기회를 가져야 한다. 평가 및 차후 역점 사항 설정을 위한 계획에 관하여 토론을 가져야 한다.

5. 직원회의(Workers's conference) : 정기 직원회의는 여러 사람이 모인데에서 상호 대면하여 의견을 교환할 수 있는 기회를 제공해 준다. 이러한 회의는 여러 사람 앞에서 영적 (靈的) 관심사를 유지시키고 수련의 기회를 얻고 전체 집단에

영향을 주는 직무사항을 다룰 수 있는 효과적인 매개체가 될 수 있으며 좋은 친교기회가 될 수도 있다.

6. 독서 및 시청각 지도(Guided reading, listening and seeing) : 교회 도서관이나 공공 및 개인 장서는 직원들이 각자의 보조에 맞게 연구할 수 있는 귀중한 정보를 소장하고 있다. 상당한 가치가 있는 자료는 직원들 모두에게 회람시킬 수도 있다. 공급이 증가하고 있는 시청각교육 보조자료도 이용이 가능할 것이다.

7. 전문가 초빙(Visits with specialists) : 초빙강사와 토론지도자를 청하여 여러분의 직원들과 만나게 하고 그들의 경험과 연구내용을 교환케 한다.

8. 대표자 파견(Delegates to conferences) : 관련 문제가 논의되는 여러 모임에 대표자들을 참석시킬 수 있도록 배려하고 회의내용을 여러 사람 앞에서 보고할 수 있도록 한다.

9. 연구강좌(Courses of study) : 정식 연구강좌는 일꾼들의 자질 향상에 유용한 수단이 된다. 왜냐하면 이 연구강좌에는 훌륭한 지도자가 지도하게 되며 출석을 요하며 독서의 지침을 받기 때문에 지도력 훈련 프로그램의 귀중한 과정이 된다. 일부 교회에서는 지도자들로 하여금 의무적으로 수련강습에 참여하도록 하고 있다.

10. 견습(Apprenticeship) : 이 고래의 학습방법은 현대인에게도 가치가 있다. 관찰, 토론, 시도, 교정, 격려 등의 일련의 과정은 매우 효과적인 학습 방법인 것이다.

11.팀 교수와 협의회(Team teaching and consultation) : 조(組)를 이루어 교육하는 경우 조원들은 교수 목적을 논의하고 실경험을 평가하며 전략을 준비한다. 지도자직은 조원(組員)의 역량에 따라 분배된다. 협의회를 가지는 것은 팀 교수방법을 시행할 시초에 특히 중요하다.

XⅢ. 지도력 개발을 위한 제언
(유능한 지도자가 아니라 훌륭한 지도자가 되기 위하여)

1. 결정력을 개발 시키는 법
(1) 문제인식, 정보기록.
(2) 사실 포착(의견이 아닌).
(3) 분류(필수적인 것 기타 분류).
(4) 해결책 시안 개발.
(5) 협력 추구(상담 포함).
(6) 결정형태 작성.
(7) 행동화.
(8) 결정에 대한 회의심 불요.

2. 결정에 있어서 주요 질문 4가지
(1) 내가 정말 이해하는가? 그 원인이 무엇인가?
(2) 내가 무엇을 이루려 하는가? 목적이 무엇인가?
(3) 이것이 최선의 방법인가? 또 다른 방법은 무엇인가?
(4) 내가 이 방법을 택한다면 어떤 잘못된 것이 있는가? 결과가 무엇인가?

3. 장기 계획 수립에 있어서의 질문들

   (1) 목적이나 사명이 무엇인가 ?

   (2) 무엇이 이의 자원이 되며, 무엇이 제약적인 조건이 되는가 ?

   (3) 우리의 사명이 가장 효과적으로 반응을 나타나게 할 지역은 어딘가 ?

   (4) 가장 좋은 선택을 가져올 원리는 무엇인가 ?

   (5) 이와 같이 중요한 결정을 내리기에 충분한 요건을 갖추기 위하여서는 향후 1년간에 필요한 것이 무엇인가 ?

4. 지도자 훈련 프로그램

   (지도력을 효과적으로 개발시키는 세 가지 결정적 단계)

   (1) 지도자를 개발하기 위한 의식적 계획.

   (2) 지도력이 필요한 위치와 목록.

   (3) 잠재 능력이 있는 지도자의 목록.

   (인터뷰를 통해서 알아내는 것)

   ① 대부분의 사람들이 못보는 것을 볼 수 있는 능력과 감수성.

   ② 감지 능력을 신장시킬 잠재력.

   ③ 새로운 사태 개발에 쉽게 적응될 수 있는 융통성.

   ④ 개방성(기꺼이 옛 방법을 버리고 문제의 한계성 위로 넘어가는 마음, 표준선정의 용기)

   ⑤ 추출하는 능력(문제를 여러부분으로 분석하고 새로운 정체를 형성키 위하여 여러가지 요소를 결합할 때)

5. 지도력의 측정

(1) 맡겨진 일들을 그가 수행할 줄 아는가?
(2) 그룹의 목표와 일치해 나가고 있는가?
(3) 그룹의 다른 사람들과 잘 해 나가고 있는가?
(4) 사람들에게 무엇을 해야 하며, 어떻게 해야 할지를 말할 수 있는가?
(5) 화내지 않고 아무 저항없이 명령을 받아들이는가?
(6) 사람이 조직적인가?
(7) 책임감을 느끼는가?

6. 지도력과 그 조건

(1) 성취의욕이 있는자이어야 한다.
(2) 권위의 수용(능력의 권위, 직위의 권위, 성경의 권위, 인격의 권위)자이어야 한다.
(3) 자기 훈련을 하는자이어야 한다.
(4) 창조성이 있는자이어야 한다.
(5) 권력의 위임을 아는자이어야 한다.
(6) 결단성이 있는자이어야 한다.
(7) 끈기가 있는자이어야 한다.
(8) 균형잡힌 생활을 하는자이어야 한다.
(9) 신앙과 지도가 있는자이어야 한다.

7. 최고의 성과를 위하여 따를 원칙

(1) 목표설정 : 중요목적과 시기를 간단명료하게 기록.
(2) 필요한 행동계획 수립 : 결정된 행동 하나하나에 대해 필요한가? 중요한가를 질문.
(3) 계획수립 : 중요성을 따라 순서별로 정리.
(4) 시간 계획표 준비 : 작업계획과 한 단계의 한계 시간

설정.
(5) 조절 시기 설정 : 진행을 살펴보면서 필요한 조정 행동.
(6) 대화의 문 개방 : 충분히 알고 자유롭게 충고.
(7) 협동력 배양 : 계획을 연기시키는 중요 원인은?
(8) 문제 해결 : 모임의 힘은 개인보다 몇 배의 힘이 있다.
(9) 인정의 법칙을 사용하라 : 충분히 믿게 하라.

8. 직원의 동기 유발법

(1) 아래 사람을 얕보지 말라.
(2) 아래 사람을 타인 앞에서 야단치지 말라.
(3) 아래 사람에게 관심을 보이는 일에 실패하지 말라.
(4) 자기의 이익에 전념하는 인상을 주지 말라.
(5) 편애하지 말라.
(6) 아래 사람의 성장을 도우는데 실패하지 말라.
(7) 작은 일에도 무심하지 말라.
(8) 아래 사람을 당황하게 하지말라.
(9) 결정에 머뭇거리지 말라.
(10) 기준을 서로 알고 일관성 있게 하라.
(11) 그의 위치를 알려주라.
(12) 적절한 칭찬을 하고 독창력을 격려하라.
(13) 아래 사람을 수단이 아닌 목적으로 알라.
(14) 아래 사람에 대한 책임을 지라.
(15) 독립심과 근면함을 보여주라.
(16) 배우고 신뢰하라. 그리고 위임하라.
(17) 표현의 자유를 허락해주라.

※ 동기유발의 원칙은 다음과 같다.
① 심리적이다.
② 무의식적인 과정이다.
③ 개인적인 문제이다.
④ 시간에 따라 다르다.
⑤ 사회적인 과정이다.
⑥ 형성된 습관인 경우가 있다.

9. 의사소통

(1) 제언

① 말하지 말라.
② 말하는 사람을 편하게 해주라.
③ 듣는 태도를 가지라.
④ 주의 산만의 요소를 제거하라.
⑤ 같이 공감하라.
⑥ 참을성 있게 들으라.
⑦ 화를 내지말라.
⑧ 주장과 비평을 방어적으로 듣지 말라.
⑨ 질문을 하라.
⑩ 말하지 말라.

* 들으라! 말로하라! 통로를 넓히라!
* 개인이냐? 단체냐를 파악하라!
* 정책이냐? 아이디어냐를 분별하라!

(2) 의사소통의 중요성(이유)

① 변화(헛소문)의 사전 준비.
② 잘못된 내용(첩보)의 파급을 막기 위해.

③ 두려움과 의심을 줄이기 위해.
④ 잘 알고 있다는 자부심을 위해.
⑤ 불평을 줄이기 위해.

10. 위임에 대하여

(1) 위임의 기본개념은 다음과 같다.
  ① 일의 위임.
  ② 권한의 위임.
  ③ 책임의 수용(완수의 의욕).
  ④ 추후지도(관심, 도움, 충고).
  ⑤ 책임.

(2) 위임의 유익성은 다음과 같다.
  ① 이해증가.
  ② 친밀도 증진.
  ③ 일에 대한 만족도(사기앙양).
  ④ 일에 대한 압박감 줄임(지도자).
  ⑤ 활동시간 증대.
  ⑥ 승급 기회의 증가.
  ⑦ 도전과 관심 부여.
  ⑧ 동기 유발의 증가.
  ⑨ 기회의 증가(경영 기술).

(3) 위임의 실패이유는 다음과 같다.
  ① 불신.
  ② 경쟁의 두려움.
  ③ 인정받지 못함의 걱정.
  ④ 자신의 약점 노출 염려.
  ⑤ 준비할시간이 없다고 생각.

(4) 위임의 방법은 다음과 같다.

준비→선정→준비(동기유발)→이해정도 확인→격려(자립)→감독(지도)의 고삐를 계속 유지.
(5) 위임의 방해물은 다음과 같다.
  1) 직원이다.
    ① 경험부족.
    ② 능력부족.
    ③ 책임회비.
    ④ 지나친 의존.
    ⑤ 혼란.
    ⑥ 책임량 과대.
    ⑦ 사소한 일의 몰입.
  2) 상황이다.
    ① 정책(one−man−show).
    ② 실수에 대한 관용결핍.
    ③ 결정에 대한 혹평.
    ④ 인원 부족.
(6) 위임에서의 금지사항은 다음과 같다.
    ① 그룹 이외의 사람.
    ② 자신으로부터 여러 단계 아래 사람.
    ③ 아직 준비가 덜된 사람.
    ④ 가까운 사람.
(7) 위임에 있어서의 상호관계는 다음과 같다.
    ① 신뢰와 믿음(대신 결정 내리는 것, 정보를 숨기는 것, 궁지에 몰아넣는 것 등은 금지)
    ② 책임의 분명한 규정.
    ③ 적당한 권한 정도의 규정(완전권한, 행동과 보고, 승인후 행동)
    ④ 적당한 자유(최소한의 손실 허용)

⑤ 결과에 대한 추후 지도와 재생과정 필요(상담, 결과보고)

(8) 위임에 있어서 실수를 이득으로(인생의 일에 있어 성공하는 법)바꾸려면
　① 타인의 험담을 하지말라.
　② 소문이 퍼지게 말라.
　③ 감사할 것은 감사하라.
　④ 강한 의사소통의 다리를 확보하라.
　⑤ 실수를 인정하고 고치도록 조치하라.

　* 성실하라! 미래를 강조하라! 원인을 처리하라! 실수로부터 배우라! 융통성을 가지라! 사람과 함께 하라!

(9) 목적을 주목하라! (하나님께 영광)
　① 목표를 알라! (훌륭한 지도자).
　② 단계를 보라! (사랑과 지식과 총명 그 결과).
　③ 그리고 훈련하라! 훈련하라! 훈련하라!
　④ 기도하라! 기도하라! 기도하라!
　⑤ 겸손하라! 겸손하라! 겸손하라!
　⑥ 먼저 인간이 되라! 그리고 신자가 되라! 그 다음 전도자가 되라!

XIV. 나는 어떤 지도자가 될 것인가? 그리고 나의 은사는?

1. 나는 이 일에 자격이 있는가?(요 10 : 4)

2. 나는 되어가고(야망)이 있는가 ? (막 9 : 35)

3. 나는 지도자에 대한 인식이 정립되어 있는가 ? (막 9 : 35,
   10 : 43 − 44)

4. 나는 어떤 지도자가 될 것인가를 점검해 보자.
   (1) 민주주의적 지도자 ?
   (2) 독재적 지도자 ?
   (3) 당파적 지도자 ?
   (4) 무간섭주의 지도자 ?
   (5) 전문가적 지도자 ?
   (6) 관리자 ?

제 11 장

교육계획및 훈련의 총괄적 이해

Ⅰ. 관리 차원에서의 교육및 훈련 내용

관리차원에서 다루어야 될 총 17개 부문의 84과목을 여기에서 소개한다.

이 내용은 지도자와 교사 그리고 학생들까지의 전체를 염두에 둔 교육 및 훈련의 내용이다.

1. 교육관리
   (1) 성경
      ① 성경교수의 이해.
      ② 교안 작성법.
      ③ 효과적인 공과준비.
      ④ 믿는 어린이에게 적용(M.T.촉구).
   (2) 신앙

① 어린이 기도훈련.
② 어린이 Q.T 지도.
③ 어린이 자신들의 전도.
④ 어린이 영성개발.
(3) 생활
① 언어 순화 훈련 프로그램.
② 태도교육 및 교정.
③ 공동체 적응훈련.
④ 성경적 어린이 생활리듬.

2. 어린이 관리

(1) 예배
① 어린이 문제점 및 해결.
② 예배 전 시간의 활용.
③ 어린이 예배의 모범.
④ 오후 예배 및 특별 예배.
(2) 학급
① 반별 관리의 문제점 및 보완.
② 반별 특별활동 Idea.
③ 학급운영의 성경적인 방법.
④ 학급 단위의 활동 프로그램.
(3) 개인
① 결신상담.
② 문제상담.
③ 효율적인 심방실제.
④ 진로 선택 지도안.

3. 말씀적용

   (1) 요절암송 지도의 비법.
   (2) 성경을 가까이 하게 하는 방법.
   (3) 성경의 생활화 적용.
   (4) 어린이 자신의 성경 공부안.

4. 교사관리
   (1) 교사훈련은 이렇게.
   (2) 교사확보와 임용의 원리.
   (3) 교사의 자질향상을 위하여.
   (4) 교사관리의 일반적인 부분.

5. 행사관리
   (1) 연중행사 계획의 기획(학기별).
   (2) 2부 순서및 특활에 대한 제언.
   (3) 놀이를 통한 교육(레크레이션).
   (4) 특별행사의 계획(특수집회).

6. 협력관리
   (1) 후원회 조직과 운영.
   (2) 교육효과를 위한 관계 정립(가정, 교회)
      -사회 참여 교육의 구상.
   (3) 어린이회 운영과 효과.
   (4) 시설의 부문과 효율적 사용.

7. 지도자 교실
   (1) 지도자론.
   (2) 주교행정의 이해.
   (3) 주교 부흥안.

(4) 지도 실제.

8. 신입생 문제
(1) 어린이 팀웍 갖추기.
(2) 신입생 관리.
(3) 새어린이를 놓치지 않으려면.
(4) 신입반 운영의 실제.

9. 어린이 전도
(1) 어린이 전도의 중요성과 이해.
(2) 어린이 전도의 실제방안(실습).
(3) 어린이 전도의 프로그램들.
(4) 주교 확장의 최선책.

10. 어린이 헌금(부서별)
(1) 어린이의 성경적 이해(신체적)와 영적인 대처.
(2) 어린이의 (정신적 이해)와 영적인 대처.
(3) 어린이의 (사회적 이해)와 영적인 대처.
(4) 어린이의 (정서적 이해)와 영적인 대처.

11. 어린이 선교
(1) 어린이 선교의 이해와 도전.
(2) 어린이 선교 교육의 실제 프로그램.
(3) 어린이 선교 특강.
(4) 어린이 선교의 효과를 위하여.

12. 육성
(1) 새 생명을 얻게 하라.

(2) 어린이 헌신 지도.
(3) 어린이 승리 생활.
(4) 어린이 지속적인 성장방안.

13. 찬송지도
(1) 메세지(복음MT)가 있는 찬송.
(2) 율동, 찬송.
(3) 찬송 지도법.
(4) 새로운 찬송(분야별 적용).

14. 시청각
(1) 새로운 시청각 자료.
(2) 시청각 교제 활용법.
(3) 시청각 교실(제작).
(4) 시청각 교재의 정보.

15. 어린이 훈련법
(1) 제자 훈련.
(2) 경건 훈련.
(3) 주의 집중 훈련.
(4) 관계 훈련.

16. 특수반
(1) 교사 개인 성경공부.
(2) 구연법.
(3) 인형극 활용.
(4) 수화교실.

17. 집중 습득법
 (1) 글 없는 사용법.
 (2) 결신 상담법.
 (3) 불신아 대상 성경 교수(구원의 메세지).
 (4) 미구아에게 적용(초청).

II. 교사 교육 계획

1. 교육과 훈련에 대한 성경적 이해

예수님은 교육을 하지 않으셨다. 적어도 우리에게 이해되고 체질화 되어 있는 그런 교육은 하지 않으셨다는 말이다.

예수님은 훈련 하셨다. 예수님은 교육자가 아니라 훈련가 이셨다. 물론 이제껏 사용하고 있는 교육이라는 말을 쓰기는 하되 최소한 성경적으로 정립해야 될 필요성은 있는 것이다.

즉 교육이란, 가르치고 배우는 것이라고만 단순하게 생각하는 예가 교사 10명 중 8명 이상이고 보면, 이런 의식과 인식은 교회교육을 세속화(일반 교육, 사회 교육, 종교교육으로) 시키는 첫 걸음이 된다.

왜냐하면 이러한 교육이 지향하는 교육의 내용과 목표는 지식 습득, 정서순화, 인격 함양, 곧 지, 정, 의의 전인교육이라고만 보기 때문이다.

과연 지, 정, 의가 성경적인 전인인가 ?
과연 이런 교육으로 변화를 일으킬 수 있는가 ?
과연 교육으로 변화가 되는가 ?

주님께서는 먼저 속 사람의 근본적 변화(중생)를 강조하셨고(요 3 : 3), 그 다음에 겉 사람의 필요 충족(성도의 삶)을 말씀 하셨다(벧후 3 : 18).

교육이란 "이론＋이론"이라면 훈련은, "이론＋실습"이다. 이론으로만 근본적인 변화를 기대할 수 없다. 교육으로는 안된다. 훈련이 필요하다. 절대적이다. 4복음서를 보라. 어디에 예수님께서 이론만을 말씀하시고 끝내셨던가 ? 이론은 최소화 하시고 그 이론으로 실습(인식→인정→시인, 즉 배우고 체험하고 훈련함)을 하셨다(마 5 : 44→눅 23 : 34, 마 7 : 7→눅 22 : 39).

예수님께서 열두 제자에게 가르치시고, 지도하시고, 모본을 보이셨을 때, 3년의 세월을 지나면서 자연인인 그들이 신자가 되고 더 나아가 오순절 성령이 임하셨을때 비로소 하나님 나라 역사를 이어가는(요 1 : 3, 딤후 2 : 2) 제자들이 된 것이다.

즉 하나님의 사람으로 변화되고(태어남), 하나님의 사람 다워지고(성장), 하나님의 사람으로 살게(성숙)되었다. 이것이 변화요, 변화의 과정이요, 훈련으로 말미암는 열매인 것이다.

성경이 말씀하신 교육, 예수님께서 친히 행하시고 본을 보이신 교육은 곧 훈련이며 그 목적은 변화였다. 그 변화는 곧 훈련을 통해서 되는 것이니 이것이 주님께서 일군을 키우시는 모습이셨다.

2. 과정(Program)과 목적(변화) 재고의 필요성

우리는 변화를 원한다. 그 변화 중에서도 최우선적이고 근본적인 것은 사람의 변화다. 하나님의 역사는 변화의 역사이다. 변화가 없다면 하나님의 역사가 아니다. 특히 사람의 변화 말이다.

우리는 주일학교가 변화되기를 바라고 있다. 가장 먼저

어린이들이(학생들이) 변화되기를 기대하고 있는 것이다. 생명의 말씀을 들으므로 믿음이 생기고(롬 10 : 17), 하나님을 아버지로 예수를 구세주로 인정하고(롬 10 : 10), 하나님 나라의 소망과 생명의 주에 대한 입과 삶으로의 시인이(롬 10 : 11, 마 16 : 16)있는 하나님의 자녀가 되며(요 1 : 12), 하나님 자녀로서의 모습을 가지며(벧후 3 : 18), 하나님의 일군으로 (딤후 2 : 2) 사는 그런 변화된 사람을 만들어 내기를 원한다.

그렇다면 먼저 그 담당자인 교사를 변화시켜야 한다. 교육에 있어서 커리큘럼의 90%가 곧 교사라는 의미는 교사의 변화 만큼, 교사의 성장만큼 어린이도 주일학교도 변화되고 성장 된다는 뜻이다. 주일학교는 교사만큼 자라고, 교사만큼 앞으로 나아간다.

교회마다 주일학교마다에 교사 강습회가 없거나 교사대학 내지는 양성 프로그램이 없는 교회가 어디에 있는가? 다 잘하는 일이요, 마땅한 과정들이다. 그러나 몇가지 중요한 원리와 목적이 맞추어 점검 내지는 수정 보완할 필요성과 그 부분을 찾아야만 된다고 본다.

3. 교사훈련의 실제

앞서 밝힌 바 대로 그 실제를 알아보기 원하는데 한 가지 사실을 지면이라는 특성과 또 제한성 때문에 그 몇가지 요점만 제시하려고 한다. 그러므로 상반기 교사교육 계획에 조금이나마 참고가 되기를 바라는 바이다.

(1) 주일학교 1년 흐름의 이해

주일학교의 1년 과정이 전개되는 모습을 그리면 다음과 같은 쌍봉 낙타 등의 모습이 된다.

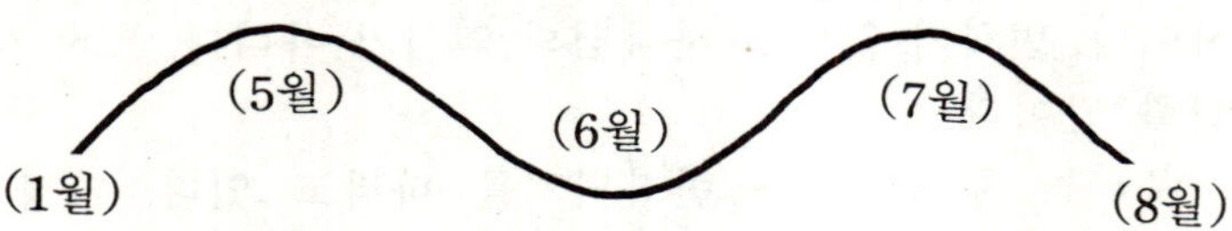

1월에 출발할 때는 숫적으로나 질적으로 모든 부분에서 첫 시작이 되어 5월의 어린이 주일을 기점으로 올라가고 다시 6월 중에 떨어졌다가 7월 성경학교를 중심으로 상승하고 여름을 지나면서 또 다시 내려오게 된다. 그러다가 감사절을 거쳐 성탄절에 다시 올라가는 것이다. 이 모습은 거의 대부분의 주일학교가 다 해당이 되는 것인데 이를 염두에 두면 수직 상승(사실은 거의 불가능이다)하려는 욕심을 부리지말고 어떻게 하면 하향곡선을 최소화 하느냐에 맞추어서 주일학교 운영이나 이린이 관리, 그리고 교사 교육을 적시에 해야된다는 감이 잡히게 된다.

즉 1월 중에 1회, 그리고 6월 중에와 9월 중에 최소한 1년 3회 정도로 교사들이 먼저 상승세를 타도록 소명을 새롭게 해주고 사명을 다시 일깨워주며, 자신의 충만된 준비를 위한 기회의 배려가 절대 필요한 것이다.

그 방법은 여러가지가 있겠으나, 가능하면 개 교회 단위로 단 기간(1~2일 정도)으로 실시하는 것이 훨씬 더 바람직할 것이다.

한 가지 중요한 것은 가만히 있는데도 때가 되면(5월, 7월, 12월)그냥 상향곡선이 되는 것이 아니고 사전에 최소한 한달 전부터 상승세를 위한 프로그램을 구체적으로 계획해서 기도회 겸 여러가지 준비단계와 교사모임을 가져야 할 것이다.

4. 적용의 분야및 Program

이상에서 밝힌 1년 중 적어도 3차례 정도 곡선의 완화를 위한 보조장치로서 염두에 둘 Prgram은 많이 있겠으나 중요한 몇가지만 제안하려고 한다.

　(1) 교육의 밤(혹은 교육주일)

　　　　이는 교사 뿐 아니라 전 교회원들의 교육에 대한 관심 유도와 직,간접으로 1년 동안의 주일학교운영에 대한 동역및 동참을 위하여 교회적으로 해야될 Program이다.

　　　　교육은 그 효과를 위한 효율적인 방안으로 교사와 교회 그리고 가정(학부모)을 받드시 연결시켜야만 되는데 그런 의미에서 교육의 장과 그 역사의 저변 확대를 위하여 연초와 연중 2~3회 정도 실시하는 것이 좋다.

　　　　그 방법은 일단 사람들이 제일 많이, 그리고 참석이 용이한 날이 되게 하려면 주일 오후 시간이 아주 좋다고 본다(혹은 수요일밤). 예배시간은 다른 모든 순서를 최소화하고 말씀시간을 설교만이 아닌 특강 형식으로 해서 전 교회가 다 참여토록 하되 교육의 효과를 위하여 절대적으로 필요한 부분, 즉 교회와 가정과 교사들이 각각 차지하는 비중과 위치와 그 역할에 대하여 듣고 배우며 은혜받게 하는 것이다.

　　　　아울러 교육의 전체적인 면과 각 부서별 현황등을 간단히 알려 주면서 예배시간 후에는 2부 순서도 한 두시간 더 전문적인 시간(부서별 혹은 내용별로 나누어서)을 가지게 한 후 부서단위로 식사, 음식, 친교, 기도회 등을 가지면 더욱 좋을 것이다.

　(2) 헌신예배

　　　　보통 헌신예배는 여름성경학교 전에 교사들만의

헌신예배로 드리는 예가 거의 대부분인데 물론 좋은 전통이라 하겠다. 그러나 성경학교의 개강(개학) 혹은 임명을 겸한 헌신의 기회는 되지만 나머지 성도들과 교회는 관객이 되어 버리고 마는 것을 볼때 아쉬움이 있다.

그래서 그런 헌신의 예배도 중요하지만 연초에(1월 중으로) 전 교회를 대상으로 교육을 위하여, 교사로서 가정의 학부모로서 교회 성도로서의 여러 책임과 역할을 일깨우고 다 방면으로 참여를 유도하며, 관심과 기도의 분위기를 불러 일으켜야 될 것이다.

이를 위해 온 교회의 교육을 위한 나름대로의 헌신을 다짐하는 헌신예배를 실시하는 것이 매우 바람직하다고 믿는다. 그 순서나 진행은 교육의 밤과 함께 해도 무방할 것이다.

(3) 교사대학(혹은 양성 Program 으로서 강습회나 세미나 등)

개 교회별로 교사 양성 Program 이 이제는 보편화되어있다. 물론 그 형태나 명칭이 각각이기는 하지만 교육에 있어서 교사를 다방면으로 준비하며 교육시키기 위한 관심과 배려는 대단히 고무적이라 할 수 있다. 그 명칭을 보면 교사대학, 교사 세미나, 교사 강습회, 교사 양성학교 등이 있다.

기간은 보통 연속으로 할 경우에는 3일 내외로 하기도 하고, 주간 중에 1~일로 해서 몇 주간 계속하기도 하며, 내용은 찬양, 강의, 기도회 등으로 짜여지고, 시간 배정을 보면 과목당 50분 정도로 하는 예가 거의 대부분이다. 운영을 어떤 형태로 하든간에 교회의 계획과 실정에 맞게 하되 몇가지 참고해야 될 사항들을 제시하려고 한다.

먼저 회수는 연중에 적어도 2~3회를 하도록(기간은 2~3일 정도로 농축해서)하는 것이 바람직하다.

커리큐럼은 전혀 관리 차원에서 총괄 기획해서 배정해야 하는데 그 부분은 다음과 같다.

① 행정관리(인사, 조직, 재정, 사무)

② 교육관리(성경, 신앙, 생활)

③ 학생관리(예배, 학급, 개인=상담, 심방)

④ 교사관리(확보, 훈련, 임명, 자질향상)

⑤ 행사관리(특활, 절기, 행사 Program)

⑥ 시설관리(예배실, 부속실, 비품)

⑦ 협력관리(기도회, 후원회, 가정채널 확보)

그리고 시간 배정은 적어도 80분 이상으로 되어야 하고 강사및 과목 편성은 준 신학교 형태는 바람직하지 않으며, 전문가의 기준을 지적이나 원리 중심으로만 되지 않도록 반드시 이론+실습의 실제적인 훈련이 되도록 할 것이며, 가슴을 뜨겁게 하는 Program(말씀을 통한 심령 부흥회, 사명감 고취, 교사 자신들을 치유하는 인간관계 훈련 등)을 비율적으로 편성해야 한다.

예수님은 "좋은머리"로 세상을 변화시키려는 기획을 하신 적이 없고 제자들을 먼저 "가슴을 뜨겁게" 만드는 일을 하셨다. 변화의 역사는 좋은 머리가 아니라 뜨거운 가슴으로 이루어진다(요 21 : 15-17, 행 1 : 8).

(4) 전도 훈련

교육과 전도는 말씀이라는 한 뿌리에서 돋아난 두

개의 순이라면 교사는 선한 목자로서 이 둘을 균형 잡게 해야만 한다. "우리" 안에 들어온 양을 먹이는 일이 교육이요, "우리" 밖의 잃은 양을 모아들이는 일은 전도라고 보아야 할 것이다. 교사가 목자라면 이 둘을 즉, 교육과 전도를 다 같은 감당할 사명이라 생각하고 수행해야만 된다.

두 문제 중에서 한 문제만 맞추면 50점 밖에 안 되는데 이는 과락인 것처럼 교육과 전도를 어느 한 가지만 치중한다면 그것은 선한 목자의 태도가 아닌 것이다.

그러기 때문에 교사는 전도까지도 할 수 있는(사실 이것이 먼저다) 목자로 만들어야만 한다.

그러나 우리의 주일학교 실정을 한 번 살펴보자. 주일학교에서 전도가 얼마의 비중을 차지하는가? 교사가 전도하는가? 교사를 어린이들에게 복음을 구제척으로 제시하며 초청하며, 결신하도록 하는 훈련이 어느 정도 되어 있는가? 그러면서도 주일학교가 목장이며, 교사가 목자장의 일을 담당하는 목자라고 할 수 있겠는가?

주일학교를 전도학교로 교사를 전도자로 만들어야 한다. 전도하는 교회, 전도하는 주일학교, 전도하는 교사가 성장하고 힘이있다. 전도를 통해서 부흥한다.

그런데도 어찌하여 교사를 앉혀놓고 이론만 습득하고 귀만 높이는가? 설혹 가슴을 뜨겁게 해 놓는다 해도 구체적으로 복음을 전할 수 있도록 훈련하지 않는가? 복음은 능력이요, 교육은 곧 실제이다. 그러기 때문에 교사들을 일군으로 만드는 최선책은 전도 훈련이라 확신한다.

　　　교육의 내용 중에서 가장 핵심적인 것을 최소화 (농축)해서 하는 말씀 사역을 전도라고 할 수 있고 거기에다 살을 붙이고 이론화하면 그것이 곧 교육이다. 교사가 들려줄 메세지의 내용을 10분대로 농축하게 하는 훈련을 받으며 거기에다가 성령의 역사가 충만하도록 뜨겁게 만들면 그것이 곧 전도 훈련인 것이다. 이 전도 훈련을 최소한 1년에 2회 정도는 해야만 된다.

(5) 기타

　　　이상과 같은 Program외에도 다음과 같이 상반기 중에 적용해 볼 수 있는 것들도 있다.

① 타 교회 주일학교견학(모범적인 주일학교 견학 후 소감을 발표케 함).

② 교사 특별기도(기도회 모임, 기도의 날, 연쇄기도, 그룹기도, 산상기도회 등).

③ 주제 발표회(지정서적 독후감 발표회, 부여된 교육주제 연구 발표회, 활동사례 발표회, 이들은 복적으로 실시해도 무방하다).

5. 맺는 말

뒤따라 오는 자는 앞선 자 만큼 간다.

학생들은 교사만큼 배운다.

양떼는 목자만큼 나아간다.

주일학교는 교사만큼 변화되고 성장하고 부흥된다.

그러기 때문에 교사들을 다음과 같이 이끌어 가야 할 것이다.

(1) 교사로 만들어라.

즉, 잘 가르치는 자, 체험적으로 지도하는 자, 가르치는데로 살고 사는데로 가르치는 삶의 모본자가 되게 하라.
(2) 전도자로 만들어라.
즉, 양떼를 안내와 공급과 책임을 지는 목자로, 어린이 곁에 늘 있어주는 친구로, 모든 것을 함께 나누는 상담자가 되게 하라.

이상과 같이 교사 교육(훈련)에 대해서 필자의 20여년 경험과 성경의 원리와 사역의 실제적인 면에서 간단히 요약해서 밝히면서 귀뜸하는 바이다.

제 12 장

●●●●●●●

교육의 개혁안 제시

Ⅰ. 들어가는 말

본 필자는 그동안 관심이 소홀한 어린이 전도에 헌신하여 특수 목회를 해 온 지가 벌써 20년, 교육과 전도는 한 뿌리에서 돋아난 두개의 순이라는 소신으로 일관해 왔다.

그리고 주님은 목자장으로서(요 10장, 21장) 그의 어린 양을 교사(목자)인 우리에게 맡기셨는데, 그 양은 분명히 "우리"안에 들어온 양과 "우리"밖에 들어올 양으로만 구별될 뿐(눅 15 : 1-3 ; 마 18 : 12-14) 차별이 없으며 그러기에 교사는 곧 목자라는 확신과 소명을 가지고, 중요성은 같으나 순서적으로 먼저인 "우리"안의 어린 양을 목자장이신 주님께서 원하시는대로 양육하고 키우는 일은 "우리"밖의 어린 양을 찾는(전도)일과 함께 해야 될 것을 강조해 왔다.

정말 자신이 교사라면 목자의 의식으로 "우리"안의 양과

“우리”밖의 양을 다같이 담당하는 선한 목자의 자세가 있어야 되지 않겠는가?

두 문제 중에 한 문제만 맞추면 50점짜리 밖에 안되는 악한 목자가 되고 만다. 나의 시각이 아니라 주님의 관점에서 본다면 이러한 극단적인 현상이 심히 우려되는 것이고 이를 위해 근본적인 교육의 토양을 조성해야 된다고 보아야 할 것이며, “교육, 과연 이대로 좋은가?”라는 평가(비판이 아닌)에 도달하게 된다.

교사, 학생, 내용 이 세부분을 교육의 기본 요소라고 한다면 내용도 중요하고 학생도 필요하나 역시 교사는 교육 커리큘럼의 90%라는 인식이 필요하고, 나아가 기독교 교육이란 곧 그 최종 목적이 변화 (① 하나님 사람이 되게 하고 ② 하나님 사람 답게 하며 ③ 하나님 사람으로 살게 하는)라고 한다면 현재의 교육 체제와 풍토와 자세로는 너무나도 역부족이라 생각한다.

단도직입적으로 물어보자— “정말 내게 맡겨진 어린이는 변화 되어가고 있는가? 그리고 교사는 그 변화의 열매를 보는 보람과 기쁨이 있는가?” 그렇다면 왜 주일학교 초등부에서 중등부로 올라가면서 73—74%가 교회를 떠나는가? 그 이유를 객관적으로 찾아보고 점검해야 할 것이 아닌가? 뭔가 문제가 있다. 있어도 보통 있는게 아니다.

II. 실제적인 제안

1. 제자화를 위한 과제

(1) 목자로서의 자세 확립이 있어야 한다.

앞에서도 언급했듯이 교사가 곧 목자라면, 양들을

대하여 예수님은 어떻게 하셨는가를 살펴볼 필요가 있다. 요 10장을 보면 목자의 책임은 세 가지인데, 안내, 공급, 책임이 그것이다. 내 양이기에 내가 가장 최선의 길로 안내하고, 그들에게 필요한 것을 우선 순서를 따라 공급하며, 예수님처럼 그 양을 위하여 목숨까지 버릴 책임감이 있어야 한다. 그렇지 아니하면 목자장으로서 주님께 계속 나아가지 않게 되고, 어린이가 와도 그만, 가도 그만, 기계적이고 사무적으로 군중만을 보는 방관자가 되고 말 것이며, 지식을 가르치는 선생은 될지 모르나 삶이 변화되는 제자를 만드는 스승은 안된다.

(2) 어린이에 대한 성경적인 이해가 있어야 한다.

우리가 목자로서 제자화시켜야 될 대상이 어린이들인데 그들이 어떤 존재인지 그리고 성경은 무엇이라 말씀하시는지를 정확히 이해하는 것이 필요하다.

어린이는 하나님께서 주신 기업이요(시 127 : 3), 주께서 내게 맡겨주신 어린 양이요(요 21 : 15), 구원의 역사를 주님 오실 때까지 이어나갈 다음 고리(욥 1 : 3; 딤후 2 : 2; 잠 22 : 6)라고 말씀하고 있다. 그렇다고 하면 그들에게 지식전달만이 아닌 성경이 말씀하신 전인교육(먼저 속 사람, 그리고 겉 사람의 문제해결과 필요충족. 요 3 : 3; 엡 4 : 15)이 필요하고 그에 따라 예수님께서 하신대로 제자화를 목적한(변화를 위한)훈련이 있어야만 되는 것이다. 바울 사도는 현 세대와 맞물려 있는 것이요, 미래 역사는 현재에서부터 시작되는 것이라는 이치가 되기 때문이다.

(3) 훈련에의 비젼이 있어야만 한다.

예수님은 가능성의 원리에 따라, 자연인 그대로의 70명을 보시거나 12명을 부르신 것이 아니고 주님에 의해서, 주님의 방법대로 주님의 목적에 맞추어서 연습되고 훈련되게 하셨다. 목수되신 주님의 손에 붙잡히면 그 어떤 나무도 다듬어지는 것이며, 그 과정을 거쳐서 성장과 성숙을 향해 나아가는 것이다. 동쪽으로 가게 하려면 먼저 동쪽을 향해 세워야 하듯이 분명한 목적으로 훈련을 거듭하면 주님이 쓰시는 일꾼이 된다는 비젼이 필요하다. 나무를 그대로 두면 숲은 될지 모르나 제목은 못되듯이, 가지를 다듬어 나가고 손질해 간다면 주께서 제자되게 하실 줄 믿는 것이다. 주님은 교사인 나를 통하여, 어린이를 제자된 일꾼을 만드시기 원하신다면 먼저, 방향을 잡아주고 목표를 두고 주님의 비젼을 따라 행해야만 한다. 일꾼은 하나님께서 보내주시지만 제자는 먼저 제자된 자의 의도적인 작업으로 만들어지기 때문이다.

2. 제자화의 원리

(1) 선택

먼저 주님의 선택이 있어야 한다. 그의 왕국은 무리로서 건설되는 것이 아니라, 훈련된 소수로 되기 때문에 특별한 선택이 있어야 되는 것이다. 예수님께서는 찾아오는 군중(무리)을 막지는 않으셨으나 훈련하신 대상은 선택된 소수였다(무리 500명 – 120명 – 70명 – 12명). 이 선택은, 하나님의 구속 역사의 전략(계획)을 앎으로 비롯되는데 곧 역사의 계승자는 사람이다. 이런 요구에 의해서 선택하되 그 기준을 가능성의 원리에 의해야 한다. 즉 점진적인 변화를 염두에 두는 것이다. 그런고로 나의 안목 기준에서가 아니라 주님의 역사의식에서 선택, 선별해야 한다.

(2) 과정(내용)

부르심에 결단하고(눅 14 : 25-28), 헌신하면(요 15 : 8), 그들에게 중심적으로 배우게 하고 경험케 하고 연습케 해야 되는 것이 있다. 그 진리는 다음과 같다.

① 인식(알게)하게 해야 한다(롬 10 : 17).

② 인정(받아들임)하게 해야 한다(요 1 : 12 ; 롬 10 : 10).

③ 시인(고백)하게 해야 한다(롬 10 : 13).

이것이 믿음이요, 믿음으로만 하나님의 사람이 되기 때문이다. 예수님께서 말씀하셨듯이(요 3 : 3), 먼저 하나님의 자녀로 태어나야 그 다음 변화가 가능한 것이다.

그 다음은 하나님의 사람답게 해야 하는데, 이는 마치 곁가지를 치는 정원사처럼 외형적으로 갖출 것을(성장) 작업해야 한다. 그리고 계속해서 하나님의 사람으로서의 삶을 살도록(성숙)해야 하는데 이는 나로 말미암아 하나님께서 영광 받으시고(갈 1 : 24) 또 다른 사람을 주께로 인도해 오도록 사는 제자화의 마지막 단계를 거치게 해야 한다. 이는 곧 믿음을 가진 신앙인의 삶이다(히 11 : 24-26).

(3) 사명부여

제자로서의 지속적인 삶과 그 사명은, 성령의 능력으로 말미암아 예수 그리스도를 땅끝까지 전하는 것이요, 이를 위해 하나님께서는 과연 나 자신을 통해서 무엇을 어떻게 하기를 원하시는지를 찾고 그분에게 듣고 깨달아서 사명 이전에 소명으로 나아가도록 하는 것이다. 그러므로 날마다 Q.T(조용한 시간＝meeting with God)를 하도록 해야 한다. 이를 통해 자신의 할 바 하나님의 뜻(사명)을 계속 알게 된다. 왜냐하면 할 바 사명은 교사(사람이)가 주는 것이 아니기 때문이다.

(4) 관리

주님이 그의 제자를 관리하시는 방법은, 위해서 기도 하시고 보혜사 성령의 역사에 맡기셨고, 말씀을 주셨던 것이다. 이 관리는 사명 수행 이후의 지속적 관리부분이라고 한다면 예수님처럼 교사로 어린이를 위해 늘 말씀으로 지침을 알게 하며 성령의 인도하심을 의지해서 사랑으로 기도하며 모든 것을 나누는 친밀한 인간관계가 중요하다고 본다. 이를 실제적으로 말한다면 그와 교사는 늘 연결되고 만나고 나눌 수 있는 채널이 있어야 된다는 것이다.

3. 교사의 역할

(1) 가르침을 우선하라.

모든 교육의 지침과 원리가 성경에서 나온다면, 성경을 지식 차원에서 가르치고 배우게 해야 한다. 성경 이야기가 아닌, 사건이나 인물이 아닌 진리를 가르쳐야 한다. 이는 다음과 같다.

① 목표를 분명히 해 줄 것이다(갈 1：24).
② 모델을 확실하게 해 줄 것이다(눅 2：52).
③ 기준을 확립해 줄 것이다(행 23：1；요 8：37).

④ 방법을 알게 해 줄 것이다(딤전 6 : 1-2).

(2) 지도를 하라

성경의 지식이 나의 것이되는 것을 신앙화라고 한다면, 신앙은 지식이 아니기에 교사는 지도하고 어린이는 체험(나의 것이 됨)하게 해야 한다. "I know about him"아 아니라 "I know him"이 되게 해야 된다는 말이다(마 16 : 16). 이는 물론, 배워 알고 이해(인식)하는 것이 성령의 역사하심으로 되는 것처럼 이해한 내용을 사실로 받아들임(인정)도 역시 성령의 역사로 되어진다.

(3) 모범을 보이라

배우고 맡은 바를 실제 생활로 옮기기 위해서는 누군가가 본을 보여주어야 된다. 양은 목자를 보고 따라가기 때문이다. 예수님처럼 지시만이 아닌 모범으로, 강요만이 아닌 설득으로, 계속적으로 반복해서, 자신의 위치와 관계를 주지시키면서 나는 본을 보이면 그들은 그래도 따라오도록 해야 한다. 적극적으로는 하나님 하시지만 실제로는 내가 하는대로 따라 하도록 해야 되는 것이다. 바울도 그렇게 했다.

III. 맺는 말

성경으로 돌아가자는 것이 우리의 근거요 좌표라면 교육도 당연히 성경으로 돌아가야 할 것이다. 그리고 교육을 성경대로 하려면 예수님이 하신 것을 연구하고 그대로 해야 할 것이다. 예수님은 한 손에는 군중을, 한손에는 제자를 붙들고 사역하셨다. 그렇다면 우리는 지금 어떤가 ?

군중(무리)은 있는데 제자는 어디에 있는가? 이는 곧 먼저 "제자된 스승"이 있느냐는 질문과 맞물려 있다. 우리 교육의 현장은 교회 교육인가? 기독교 교육인가? 기독교 교육이 방목이란 말인가?

먼저, 교육 체제에서 훈련 체제로 전환해야 한다. 교역자나 지도자가 구심점이 되는 중앙 집중식을 재정비하고, 제자화를 위한 소그룹(기본단위이면서 핵심단위)활성화를 기하기 위하여 소그룹 리더인 교사를, 교육이 아닌 훈련으로 생산 해내야 한다.

지금 우리에게 과연 훈련 Program이 있는가? 교사는(지도자 포함) 이론＋실습의 체제로, 어린이는 배움＋체험＋연습의 체제로(복습→적용)전환해야 한다.

예배와 삶의 일치

복음에는 하나님의 의가 나타나서

믿음으로 믿음에 이르게 하나니; 기록된바,

"오직 의인은 **믿음**으로 말미암아 살리라" 함과 같으니라.

로마서 1 : 17

비전북은 **줄과추**(도서출판)와 **하늘사다리**가 연합한 출판사로서

주님이 다시 오실 그날까지 오직 믿음으로 주님을 섬기려고 존재하며,

이 땅에 하나님 나라의 확장을 위하여 꿈과 비전을 가지고,

삶의 모든 영역 속에서 예배와 삶의 일치를 이루는 출판 공동체입니다.

교회학교 관리의 줄기를 잡아라

저자 : 권 율 복
발행처 : **비전북출판사**
전화 : (02)3141-9090 / 팩스 : (02)3144-6620
공급처 : **비전북**
전화 : (031)907-3927 / 팩스 : (080)403-1004

값 6,000원

 예배와 삶의 일치

복음에는 하나님의 의가 나타나서 믿음으로 믿음에
이르게 하나니 기록된 바 오직 의인은 믿음으로
말미암아 살리라 함과 같으니라

로마서 1 : 17